讓生命潛能 帶你探索心靈世界的真、善、美
Life Potential Publishing Co., Ltd

OSHO
奧修靈性成長系列
04

覺察

Awareness

品嘗自在合一的佛性滋味

The Key to Living in Balance

奧修 Osho 著

黃瓊瑩 Sushma 譯

未曾誕生

未曾死亡

只是

從一九三一年十二月十一日

到

一九九〇年一月十九日

拜訪這個星球

目錄

推薦序——

危機的時刻是最有價值的時刻

王靜蓉

此時的台灣，當然包括整個地球，處在一個靈性覺醒的邊界，人們深深感受到自身生命的無趣、孤寂與沉淪，所有的無趣、孤寂與沉淪都是靈魂的呼喚：呼喚個人穿越空虛、穿越頭腦的迷執、放下最終一無所有的追逐，躍入覺醒，真心向本性發願：

「是的，我願意，我願意——覺醒。」

世間媒體嘲笑靈修，對靈修一無所知，只是猜測。靈修是靈性的覺醒，每一個人都需要，但是因為清醒太難，人的確是睡覺的機器，所以一味來嘲笑他所陌生的領域。

這個陌生領域存於你我意識海洋深處，是生命的摩尼寶珠，如何能拾取它？是的，在知識上你知道，也就是奧修所說的——覺察、觀照或靜心。那麼，面對混亂的腦子如何平靜呢？人們說：「我就是靜不下來，我的欲望太多、心太亂，我不知道我要什麼？我就只是痛苦。」

首先，神祕家葛吉夫建議：

「為了能夠達到再生或至少開始設法達成，人必須先死去，亦即他必須把自己從成千上百瑣碎的認同和執著中解放出來，是這些東西使他滯留在目前的狀態。」

成千上百瑣碎的認同和執著就是人們畢生所追求的，人們擁有它，最終卻發現一無所有，這些自以為屬於自己的觀念、思想、信念、品味、習慣，甚至缺點和惡習，都不屬於他，而是模仿和抄襲所得。有了這層領悟——記得，這層領悟很困難，很不易跨越，當你真心觀察到自己所面臨的處境，是虛幻投影的夢——你才會願意覺醒，此時，靈修才不會在你生命形成矛盾和困惑。

有人說：等到我年老清閒再來覺醒。那麼，你將失去機會。有人說：我如此為生活所困，活得如是艱辛，怎有空覺醒？那我要引奧修的話：「危機的時刻就是最有價值的時刻。」

若你苦悶、空虛、不安，這是覺察的好時刻，若你享用一切，渴望永恆，覺察更能教你放下假的，遇見真的。什麼是生命中的真實——就是本性，存於意識海洋深處的本性，已被頭腦、困惑、認同、虛假自我團團圍繞！

許多人來找我做個案，常問：「我是誰？我的天賦禮物是什麼？」我很難告訴他：真正的「我」，是「本性」，本性就是宇宙的天賦禮物。我明白眼前的朋友想要不凡甚於渴望本性；不凡常來自他人的肯定，受肯定是偶發的，為了博得別人肯定，失去的江山更多，許多人遲遲不肯做自己，連靈修都為了被肯定，苦悶更多！

覺察是覺醒的開始，覺醒是生命要務。如果你認為生命最重要的是愛，就把覺察加入愛中，缺乏覺知的愛，執著與受苦將為循環的功課；若你認為生命最重要的是當下，把覺察放入當下，每一刻每一個瞥見中，你就會明白將去哪裡，要選擇什麼。

在我每日駐留的洗衣房，空白的牆上貼著我的第一張奧修海報，標題是

——覺知，黑色襯底上的奧修雙眸睿智地對著我笑說：

我沒有教給妳任何東西，我並沒有說，這是對的，那是錯的，這是道德的，那是不道德的。

如果妳有覺知，不論妳做什麼，我會說，那是對的。如果妳沒有覺知，不論妳有什麼理由，都會是錯的。

奧修說他說了六百多本書，只是傳遞覺察（覺知或觀照）。我則感歎世間數千百種修行法皆不離觀照，但放眼望去，心靈知識的描繪多，集中於內在意識的奧祕者少，所以人們撒野地說：我不知道什麼叫觀照？

觀照是逆習性的事。

所以，頭腦根本不喜歡觀照，喜歡認同、執著於對象。我也不喜歡觀照，可是當我身陷苦楚，看著意識流裡天翻地覆、廝殺不已的交通亂象時，我不得不。

漸漸地，「覺知的能量」從「我」身體中升起，彷彿有一隻更大的眼睛，比身體還大的眼睛，看著一切，那隻眼遍布每個細胞，你如果給它名字，可以叫「意識的覺知」，叫「洞察」，是純能量，超越了身體界限。

所以，如果你混亂不安已延綿了幾生幾世，而始終在原地踏步的話，現在你唯一的機會，就是一試「覺察」這可治多種疾病的單方。只要能開始帶著敬意看著你的思想、情緒、身心感受，卻不判斷、不抓取，那麼，真好，你便上路了。

王靜蓉 Ma Dhyan Mahita

・作家和治療師。負責愛和光靈氣屋之療癒個案與帶領工作坊，包括：天使、顏色光能、直覺與靈視、宇宙靈氣等主題。
・著有《沐浴在光中》、《奧修靜心之旅》等廿多種著作。

譯者介紹

黃瓊瑩　Sushma

- 世新大學公共傳播系畢業，曾任職網路與外商公司，現專事文字工作。
- 大學時代起，開始參與「奧修多元大學」治療師來台帶領課程之口譯工作，口譯過的治療團體與個案包括：西藏脈動、通靈、前世催眠、靈性彩油、身體能量平衡、家族星座治療。譯作有奧修靈性成長系列《成熟》、《勇氣》（生命潛能出版）。
- 目前最大的樂趣除了品嚐印度奶茶之外，就是從每天的生活點滴中，尋找能讓自己覺察的蛛絲馬跡。

除非你的心靈之眼開啓，
除非你的內在充滿光明，
除非你能看見自己是誰，
否則你是不可能醒覺的。
唯有加深你的覺察，
才能找到寧靜醒覺的空間。

前言——

寧靜是醒覺的空間

關於人，我們首先要了解的是：人是沉睡的。即便他自以為很清醒，其實不然；他的清醒程度是那麼薄弱，根本不足以為道，他的清醒不過是虛有其名罷了。

你晚上睡覺，白天也睡覺——從出生到死亡之間，你未嘗清醒過，只是不停地變換你睡覺的方式。別以為單憑張開眼睛，就能騙得過自己那叫清醒，除非你的心靈之眼開啓——除非你的內在充滿光明，除非你能看見自己是誰——否則你是不可能醒覺的，那是人類最大的幻象，而人們一直都活在這個幻象中。要是你自認清醒了，你就不會努力去嘗試真正的覺醒。

所以，你心中先要有很透徹的明白，明白你是熟睡的，你睡得很深很沉，不分白天或夜晚，你都在作夢。不管睜開眼睛或是闔眼，總而言之你都不停地在作夢——你本身就是一個夢，你還不是一個實相。

可想而知，在夢中無論你做什麼都是沒有意義的。任何你所想的都是枉然，不論你所投射的是什麼，一切都是你的夢的延續，那個投射使你永遠看不見事情本來的樣子。因此，多少世紀以來諸佛都只強調一件事：覺醒！祂們的教導一言以蔽之就是：保持覺醒。祂們一直在設計一些方法與對策，創造出空間、場景和能場，以期你能在當中受到震盪而進入覺知的領域。

是的，除非你受到足夠的激盪，直到你整個人的根基都被搖撼，否則你是醒不過來的。那沉睡已經太久了，甚至變成你的一部分，你完全地沉浸其中，身上的每一個細胞，心智的每一根纖維，無一不是在沉睡當中。那不是一朝一夕造成的現象，因此你需要付出極大的努力，才能開始警覺，才能真正地去看，讓自己成為一個觀照。

若說世上的諸佛對哪一件事有共識，那就是：就人的現狀來說，他是沉睡的；然而就人本來的狀態而言，他該是醒覺的。覺醒不僅是人活著的目的，也是諸佛的教導；耶穌、佛陀、查拉圖斯特拉(Zarathustra)、老子、蘇菲神祕家巴哈丁(Bahauddin)、卡比兒(Kabir)、錫克教創始者那納克(Nanak)，所有了悟的諸佛一直在教導的就只有這件事……雖然以不同的語言，用不同的比喻，但所吟唱的是同一首歌。如同海水的味道，不管是從北邊、東邊或西邊去嚐，都同樣是鹹的；醒覺就是佛性的味道。

但是，假如你一直以為自己已經清醒了，你是不會去下工夫的——既然已經清醒，又何必再費事？

由於你在作夢，你創造出宗教、神明、祈禱文、祭典這些東西，就跟其他事情一樣，你的神明是你夢的一部分，你的政治也是你夢的一部分，你的宗教還是你夢的一部分；你的詩、你的畫、你的藝術、你一切的一切都是夢，因為你的沉睡，你只能依據頭腦的狀態在行事。

你的神明和你不會相去太遠，想想是誰創造祂們的？是誰賦予祂們形體和色彩？你創造了祂們，雕琢出祂們的樣貌，祂們的眼睛像你，鼻子像你，還有——頭腦像你！舊約裡的神說：「我是善嫉之神！」試問，是誰創造出會嫉妒的神？神是不會嫉妒的，要是神也懂得嫉妒，那嫉妒有什麼不對？要是連神都會嫉妒，為什麼當你表現出嫉妒的時候，人們會認為你做錯事，嫉妒是神聖的才對！

舊約裡的神說：「我是暴怒之神！假如你不遵守我的戒律，我就要毀了你。你將會被丟進地獄之火當中，永不得超生；而且我非常善妒，不許你去崇拜別人，我不能容忍這種事。」是誰創造出這種神？你必定是由於自己的嫉妒、自己的憤怒而創造出這樣的形象，那是你的投射、你的影子，除了反映出你自己之外沒有別的，所有宗教裡的神都是這樣來的。

佛陀正因如此而從不談論神，祂說：「對熟睡的人談神有什麼意義？他們會一邊打呼一邊聽，不管聽到的是什麼，那只會變成他們作夢的材料，然後創造出他們自己的神。那些神完全是假的，根本沒有用處，也毫無意義，與其如此，倒不如不要有這樣的神。」

有時你眼睛睜開著作夢，有時閉著作夢，你不停地在作夢；你就是一個夢，你還不是一個實相。

那就是為什麼佛陀不想談神，祂所有的興趣在於去喚醒你。

在一個夜晚裡，有位成道的佛教師父坐在河畔，他正享受著淙淙的流水聲，還有清風吹過樹林間的聲音……有個人走近他的身邊，問道：「可否請您以一個字來傳達貴宗教的精髓？」

這位師父紋風不動，維持完全的靜默，彷佛他沒聽到這番問話。問的人又開口了：「請問您是聽力有問題嗎？」

師父於是說：「我已經聽到你的問題，也已經做了回答！寧靜就是答案，我的無語——那中間的定止——就是我的回答。」

那人說：「那麼玄的答案我聽不懂，您能不能更具體一點？」

這位師父只好就著旁邊的沙地，用手指寫了一個小寫字「靜心」(meditation)。那人說：「現在我可以讀了，這比剛剛好一點，至少有一個字可以讓我思索，但是，您可不可以講得更清楚一點？」

這位師父又寫了一次「靜心」(MEDITATION)，當然，這次他用大寫字母寫。那個人被弄得一頭霧水，好像自己被戲弄了，他帶著點惱羞成怒的口氣說：「又是『靜心』？您就不能為我說得再清楚一些嗎？」

師父用大寫字又寫了更大一點的「靜心」(M E D I T A T I O N)。

那個人說：「您八成是瘋了！」

師父說：「我已經遷就很多了，第一個答案才是對的，第二個已經不太對了，第三個錯得更多，第四個根本是非常離譜。」因為，當你用大寫字母寫靜心時，你已經以它創造出一個神。

所以神(God)這個字才會以大寫的G做開頭，每當你想讓某件東西變得很了不起，你會以大寫字呈現這個字。這位師父說：「我已經犯下一項罪過。」他將方才寫下的字全部擦掉，接著說：「還是請你聽我的第一個答案，唯有如此，我才算做了真實的回答。」

寧靜是你醒覺的空間，吵雜的頭腦表示你一再處於昏睡的空間。如果你

寧靜是你醒覺的空間，吵雜的頭腦表示你一再處於昏睡的空間。如果你的頭腦一直聒噪個沒完，表示你還在昏睡。

的頭腦一直聒噪個沒完，表示你還在昏睡。靜靜地坐著，若頭腦消失了，你可以聽得到枝頭上的鳥語，而內在是無念的(no mind)，一片恬靜……只有鳥兒的啁啾聲，而無念在你腦中運作著，全然的寂靜………於是，意識如泉水般潮湧而出，那並不是來自外在，而是從你的內在升起，由你當中滋長的。記住，若不是如此，你就是沉睡的。

第一章

一份對生命的了解

痛苦是一種無意識的狀態；
我們之所以痛苦，
是因為我們無時無刻都在與自己矛盾衝突，
完全沒有歸於中心。你所要做的就是：
再次回到意識，丟掉頭腦。

在我的教導中，我從沒用過「棄俗」(renunciation)這個字眼，我說的是：在生活中快樂地去享受；在愛、在靜心裡，在這世上美好的事物中快樂地去享受；在存在的狂喜中快樂地去享受——凡事你都樂在其中就對了！我要你化平凡為神聖，化此岸為彼岸，化人間為天堂。

接下來會有某種「釋放」輾轉開始發生，然而，它是自行發生的，不是由你去做的；那不是作為，而是發生。你開始放掉你的愚蠢，丟棄你的垃圾，停止沒有意義的關係交情，辭去不能滿足你的工作，離開無法令你成長的地方，我不會說那是去捨棄，而會說那是了解、有覺知。

假設你手上握著石頭，而你卻以為那是鑽石，我不會叫你丟掉石頭，我直接說：「再注意看一次！」如果你自己看到那不是鑽石，還需要花力氣去丟掉嗎？石頭自動會從你手中掉落。事實上，若你還想帶著它，那將會很費力，你必須用很大的意志力才能繼續帶著它；你不會這樣一直下去的，當你看出它的無用與無意義時，必定會扔了它。由於雙手不再握著什麼，你才能去尋找真正的寶物；而真正的寶物不在未來，真正的寶物就在當下。

人與鼠的差別

清醒才是生命的道路。
愚者沉沉地睡著，猶如生命已逝一般；
師父卻是清醒的，他的生命是不朽的。
他觀照，他明明白白，
他是多麼地快樂！因為他看得到，清醒是生命的道路。
他是多麼地快樂，遵循著醒悟的道路行走；
懷著無比堅定的毅力，他在修行，追尋自由與快樂。

——摘自佛陀法句經

我們每天在過日子，卻不曾注意到周遭發生了什麼。沒錯，我們是變得很有效率，對於所做的事情，是那麼熟門熟路，所以做的時候不用再花什麼意識，就像機器人一樣，那已經變成自動化的機械性動作；我們還稱不上為人，我們是機器。

那正是葛吉夫（George Gurdjieff）以前常說的，人就像機器般地活著。他的話得罪不少人，因為沒有人喜歡被叫做機器；機器們愛被叫成神，這樣被捧他們才會高興。然而葛吉夫卻說人是機器，其實他的話一點也沒錯，假如你去觀察自己，你就會知道你的所作所為是多麼的機械化。

俄羅斯的生理學家帕卜洛夫(Pavlov)與美國的心理學家史金納(Skinner)相信：人只是一台美麗的機器，人沒有靈魂。我認為他們的說法百分之九十九點九是對的，就差一點點而已，那「一點點」指的是成道的諸佛。不過這也是情有可原的，因為帕卜洛夫從沒見識過任何佛，他所遇到的是成千上萬個像你一樣的人。

史金納研究的對象是人與老鼠，他發現兩者之間並沒什麼不同，只不過老鼠的生理構造單純，人比較複雜一點而已。人是一部高度精密的機器，老鼠是簡單的機器，要研究老鼠比較容易，所以心理學家才會一直以老鼠作為研究的對象。

他們從老鼠的研究中找到對人的結論，而所得的結論幾乎都是對的；我說「幾乎」為的是提醒你，那「零點一」是世上最重要的現象，佛陀、耶穌、穆罕默德這些少數醒覺的人才是真正的人類。但是史金納要去哪裡找一個佛？當然不可能是在美國……

我聽說過一個故事。有人問一位猶太教會的教士：「為什麼耶穌不選擇出生在二十世紀的美國呢？」這位教士聳聳肩表示：「美國？這是不可能的。第一，你要去哪裡找一個處女？再者，你要去哪裡找三位有智慧的人？」

史金納要到哪裡找一個佛？就算給他遇到了，他既有的偏見和想法也會讓他認不出這個佛；他只會繼續觀察他的老鼠。他無法想像有什麼事是老鼠做不到的，當然有，老鼠不做靜心，老鼠也不會成道。他認為老鼠放大後的樣子就是人類，就多數的人來說，我會說他是對的，他的推斷並沒有錯，諸

覺察
Awareness

殘殺代表著破壞與死亡，周圍的一切都會感知而

受到影響，唯獨人似乎是最昏睡的……

佛們聽到也會同意——就所謂的一般人來講，人們睡得完全不醒人事，即使動物都沒有昏睡成那樣。

你曾見過森林裡的鹿嗎？當牠在看的時候，是多麼警覺？當牠走路的時候，是多麼小心翼翼？有沒有見過樹梢上的小鳥？你看牠在觀察周遭的動靜時，是多麼聰明伶俐的樣子？要是你往牠的方向走去，牠只會允許你靠近牠到一定程度的距離，一超過那個界限牠立刻就會飛走。牠對於自己的領域保持著一定的警戒，因為當安全範圍被越過時，表示牠會有危險。如果你注意看看四周，你會訝異於一件事實：人類似乎是地球上最昏睡的動物。

有家氣派的酒店舉行了一場拍賣會，一位婦人買下一隻鸚鵡，她用罩子將鳥籠蓋了兩個禮拜，為的是希望牠把在酒店裡學到的粗鄙不雅的話忘掉。

終於，當罩子被掀掉時，那隻重見天日的鸚鵡四處張望了一下，便開口說話了：「哦？新房子，新的女主人！」當她的女兒們走進來時，牠又加了

一句：「哦！新的女生！」

當晚，就在婦人的丈夫踏入家門時，那隻鸚鵡說：「哦！哦！一樣的老主顧！」

人處在一種墮落的狀態；事實上，基督教中亞當因墮落而被逐出伊甸園的故事，所比喻的正是這個。為何亞當和夏娃被逐出伊甸園？因為他們吃了智慧之果，因為他們變成頭腦，失去了意識。假如你變得很頭腦，你就會失去你的意識，因為頭腦等同於昏睡、噪音與機械性；假如你變得很頭腦，你就會失去意識。

你所要做的就是：再次回到意識，丟掉頭腦。你必須將你當成知識在囤積的那些東西丟出你的系統，就是知識讓你昏睡不醒；所以知識愈豐富的人，睡得愈昏沉。

那也是我一直以來所觀察到的，純樸的鄉下人遠比大學裡的教授和廟堂裡的祭司來得警覺與清醒。祭司不過是鸚鵡，而大學裡的學者滿肚子裝的，

清醒才是生命的道路。當你有覺察力時，你才稱得上是活著；覺察是生與死的分野。

不過是表面上好聽，但其實沒有半點意義的噪音，那些純粹是頭腦，沒有絲毫意識在裡頭。

在大自然中工作的人，像農夫、園丁、柴夫、木匠、畫家，他們比起大學裡的系主任、副校長、校長這類人要來得警醒。因為當你和大自然一起工作時，大自然是警覺的，例如樹木。當然，樹林所呈現出的警覺是不同的樣貌，但它們非常警覺。

現今對於樹木能夠警覺已有科學上的證明。假如有個柴夫手上帶了把斧頭，而且他決意非砍樹不可，那麼所有看到他走過來的樹會開始顫抖。這已經有科學的證明，我不是在談詩，當我講這件事的時候，我所談的是科學。

現在確實已有儀器可以測出一棵樹快樂或不快樂，害怕或不害怕，悲傷或是極喜。當柴夫走近時，所有看到他的樹會開始發抖，因為它們意識到死亡的腳步正在靠近，而且這還是在柴夫動手砍以前——光是他的靠近……

奇怪的是，假如柴夫只是路過，心裡並沒有要砍樹的意念，樹木就不會害怕，而明明是同一個柴夫，同一把斧頭。似乎影響的關鍵，在於柴夫要砍樹的「意圖」；也就是說，樹木懂得他的心思，能夠解讀出柴夫的意圖。

還有一件更有意義的事實，也是科學上的觀察結果：當你在森林裡殺了一頭動物，不只是鄰近的動物王國會感到恐懼，在那裡的樹木也同樣會害怕。假如你殺了一頭鹿，所有周遭的鹿都會感覺到那股殺戮之氣，牠們會因而感到悲淒，整個內在都處於顫抖之中，好像沒由來地就害怕了起來。說不定牠們並沒有親眼看到同胞被殺掉，但本能上的直覺使牠們冥冥中受到影響，不僅如此，樹木、鸚鵡、老虎、老鷹、小草也都會被影響。

殘殺代表著破壞與死亡，周圍的一切都會感知而受到影響，唯獨人似乎是最昏睡的……

要在靜心的深處冥想佛陀的經文，好好的咀嚼、遵行祂所說的：

清醒才是生命的道路。

當你有覺察力時，你才稱得上是活著；覺察是生與死的分野。光是呼吸

你在沉睡中行走，所以才老是摔跤；即便明知是錯的事你仍然繼續做，而對的事你反而不做。

並不算活著，光是心臟會跳動也不算活著。醫院可以做到在生理上讓你繼續活下去，你的心臟會繼續跳，也能夠呼吸，而你沒有絲毫意識；在儀器的幫助下，你可以再活好些年——從呼吸、心跳和血液循環的角度上來講。

世界各地就有許多的植物人躺在先進的醫院裡，進步的科技使死亡無限期地延長下去——所以你可以多活好幾年。如果這叫活著，那麼你可以像這樣活下去；可是這一點都不算活著，像具行屍走肉並不能叫做活著！

諸佛對於活著有不同的定義，關鍵在於「覺察力」。祂們不會因為你能呼吸就說你活著，也不會因為你的血液在循環就說你是活著，祂們會說當你是覺醒的時候，你才算是活著。所以除了悟道者，沒有人是真的活著，你們只是行屍走肉，是會走路、會說話、會做事情的機器人。

清醒才是生命的道路，佛陀如是說。讓自己更清醒，你就會更朝氣蓬勃。生命就是神，除此之外沒有別的神，所以佛陀談生命與覺察；生命是目的，而覺察是達到生命的方法。

愚者沉沉地睡著……

每個人都是沉睡的，所以每個人都是愚昧之人。聽到這話別覺得不舒服，既然是事實，就該以真實的樣子呈現。你在沉睡中行走，所以才老是摔跤；你不斷地做著自己不願做的事，或是已經決定不再做的事，即便明知是錯的事你仍然繼續做，而對的事你反而不做。

怎麼可能會這樣？為什麼你就不能順著路直走？為什麼你一再踩進旁門左道裡？為什麼你老是迷路？

有位年輕人擁有一副好嗓子，有人邀請他在一齣露天的舞台劇中軋一角，儘管他以自己容易怯場為由試圖推託，但對方再三向他保證這個角色很容易，他只需要講一小段台詞就夠了：「我是來搶奪一個吻，卻捲入一場混亂，啊！我聽到一聲槍響……」然後就可以大步邁開舞台。

輪到他表演時，他走上舞台，由於身穿殖民地時代的緊身短褲令他發窘，再看到美麗的女主角穿著白色長袍躺在花園裡等他，他已經完全不知所

> 當你丟掉「我有意識」的想法後，你就會開始尋找各種方法與途徑來讓自己有意識，所以先認清一件事：你是徹底昏睡的。

云。他清了清喉嚨，開始唸出台詞：

「我是來偷一個吻，不，是搶奪一個吻，可是卻加入一場混仗，不，我的意思是捲入一場混亂，啊！我聽到一聲屁，喔！不，我聽到一聲槍響……可惡，狗屎，你們全是狗屎！打從一開始我就不想參加這該死的鬼表演！」

這就是真實發生的事。仔細看看你的生活，對於你所做的每件事，不僅你自己覺得迷惘，連看的人也很困惑。你毫無清晰度與靈敏度，也不警覺，所以你看不見也聽不到——當然，你有耳朵可以聽得到，但是裡面卻沒有人來理解所聽到的東西；你也有眼睛可以看，不過看的人卻不知道去哪裡了，於是你的眼睛在看、耳朵在聽，不過你什麼也沒看進去，什麼也沒聽到。你每走一步就摔一次跤，每次都會出差錯，而你卻仍相信你是有意識的。

把這個想法一股腦兒全丟掉，那會是一個很大的跳躍，很大的進展，因為當你丟掉「我有意識」的想法後，你就會開始尋找各種方法與途徑來讓自己有意識，所以先認清一件事：你是徹底昏睡的。

近代的心理學有幾個重要的發現，儘管是屬於智性層面上的，不過依舊是一個好的起步，因為若是智性上能有收穫，那麼遲早這樣的收穫能從存在性的層面被經驗到。

例如佛洛伊德就是一個了不起的先鋒。他當然不是成道者，但他仍算是個重要人物，因為他是第一個讓大眾接受「人的內在暗藏了很深的無意識」這個想法的人。意識的頭腦只占十分之一，而無意識的頭腦比意識的頭腦大上九倍之多。

他的學生容格（Jung）所發現的「集體無意識」（collective unconscious）又更深入些，因為在個人無意識的後面有集體無意識。到了這時候，有件事尚待發掘，我期盼心理學研究遲早能夠發現宇宙無意識（cosmic unconscious），佛陀曾經談過的。

我們可以談意識的頭腦，但那部分只占你生命的微乎其微。意識的下一

我們並不如表面上看起來的那般渺小，人人都潛藏著無比的深度與高度。而你竟只是活在一個小角落而已——那微渺的意識頭腦。

層是潛意識，你可以聽到朦朧的潛意識在對你低語，但你認不出那就是潛意識，潛意識永遠在意識的後面發揮它的影響力。第三層是無意識的頭腦，只有在睡夢中或服用藥物時，你才會觸及無意識。接著是集體無意識，當你對無意識的頭腦有深入的探觸時，你才會看見集體無意識。

假如你又繼續更進一步探究，你將會來到宇宙無意識。宇宙無意識是自然的；集體無意識是整個人類到現在為止所處的狀態，那也是你的一部分；而社會不容許你表達的一切將會變成你個人的無意識，因此，無意識才會在夜晚以走後門的方式，出現在你的睡夢中。

講到意識頭腦……我會說那是「所謂的」意識頭腦，只是名字好聽而已，因為它是那樣地微弱，就像乍隱還現的微光。不過就算如此，它仍然是很重要的，它夾帶了種子，種子雖小，然而潛力無窮。

現在，有一個嶄新的次元出現，正如佛洛伊德揭開了低於意識層面的次元，印度神祕主義者西瑞・奧羅賓多 (Sri Aurobindo) 揭開了高於意識層面的次元，他們都是知識份子，雖說兩人都沒有成道，但都為人類做了了不起的貢獻。從智性上來說，他們使我們意識到一件事：我們並不如表面上看起來的那般渺小，人人都潛藏著無比的深度與高度。

佛洛伊德往深度發展，奧羅賓多則朝高度穿越。在我們所謂意識的頭腦之上的是真實的意識頭腦，要達到它的唯一途徑是靜心，當原本普通的意識中加上靜心，它就變成真正有意識的頭腦。

超越真實意識的頭腦之上的是超意識頭腦。當你靜心時，你只能有短暫的瞥見；靜心是一種在黑暗中的摸索，會有幾扇窗開啓沒錯，可是你會一再地掉回去。超意識頭腦指的是三摩地(samadhi)，你已經達到水晶般清透的覺察，一種整合的覺知。此時的你，意識不會再往下掉，那是你已經所在的境界，就算是在睡眠中，超意識也一樣跟著你。

在超意識之上的是集體超意識，也就是宗教上所稱的「神」；而在集體超意識之上的是宇宙超意識，那甚至是超越神的，佛陀稱那叫涅盤(nirvana)，馬哈維亞稱之為卡瓦亞(kaivalya)，印度教的神祕家謂之莫克夏(moksha)，你可以叫它真理。

這些是你存在的九種境界，而你竟只是活在一個小角落而已——那微渺的意識頭腦。這好比擁有一座宮殿，可是居然完全忘記自己有整座偌大的宮殿，卻只屈居於陽台上，還以為那是僅有的空間。

佛洛伊德和奧羅賓多皆是智性上的巨人與先驅，也是哲學家，不過他們輝煌的成就卻都只是在猜臆。世人若能多聽到一些奧羅賓多的教導，而不是接受羅素、懷海德、海德格、沙特的哲學的話，就太好了，因為奧羅賓多是二十世紀最棒的哲學家，只可惜他遭到學術世界的徹底忽略，理由在於：即使只是去讀奧羅賓多的話，都會讓你感覺到自己的昏睡。他都還沒成佛，卻能令你無地自容。如果他說的沒錯，那你還在做什麼？為何還不前往你存在裡的高處探索？

佛洛伊德所挑起的反彈雖多，他終歸是被接受的，奧羅賓多卻還未被接受，甚至世人對他沒有任何異議，說穿了他根本就是被忽略。這也不難理解，佛洛伊德談的是低於你意識的東西，所以你不會覺得不好意思；知道自己有意識會令你感到飄飄然，你知道在你的意識底下有潛意識、無意識和集體無意識，這些都在你的下面，你位居上方當然覺得很好。

可是假如你研究奧羅賓多，你會覺得很沒面子、覺得被人侵犯，因為你發現還有境界比自己高。人的自我最不喜歡承認有任何東西是比他高明的，他喜歡相信自己是最棒、最高的聖母峰，沒有什麼能勝過自己……

這感覺起來很好——你否認了自己的王國，拒絕了自己的高度，而你還覺得很好，看看這當中的愚蠢。

佛陀是對的，祂說：「愚者沉沉地睡著，猶如生命已逝一般；師父卻是清醒的，他的生命是不朽的。」

覺知是永恆不滅的，只有無意識才會凋零，所以若是你繼續無意識地沉睡下去，你必定會再死亡一次。如果你想擺脫生死輪迴的痛苦，如果你想終止這個輪子的轉動，你非得有絕對的警覺不可，你的意識必須愈來愈提升。

這些不是你能理解的，它必須轉變成你存在性的經驗。別從哲學的角度被說服，哲學上的信仰不會為你帶來任何收穫，只有當你為了喚醒自己而下工夫時，那才叫收穫。

不過這些智性上所描繪的地圖，能在你的內在創造出渴望，使你注意到自己的潛能與可能性，使你意識到你不光是表面上看起來的樣子而已——你遠勝過表面上的自己。

愚者沉沉地睡著，猶如生命已逝一般；
師父卻是清醒的，他的生命是不朽的。
他觀照，他明明白白。

簡單又優美的話語。真理總是簡單、總是優美的，單單是這兩句話……便蘊涵了層層的意義，彷彿在一個個的世界中又別有洞天，那是探索不盡的世界——他觀照，他明明白白。

你唯一要學習的就是觀照。去觀照！觀照你的每一個動作，觀照頭腦中出現的每個念頭，觀照你緊抓不放的每一個欲望，甚至連一些小動作也要觀照——走路、說話、吃飯、洗澡。不斷去觀照每一件事，讓每一件事變成你去觀照的機會。

吃飯的時候，不要光是機械性地塞東西，要很注意地去吃，細嚼慢嚥的同時看著自己……你將會訝異從以前到現在你所錯過的，因為你所咀嚼的每一口都會為你帶來很大的滿足。當你帶著注意力在吃東西時，食物會變得非常美味，甚至原本平淡的食物吃起來都會很可口；而當你心不在焉地吃，再好吃的東西也會變得沒有味道，因為你沒有觀照，你只是在搪塞食物給身體。慢慢地吃，留心地吃，去咀嚼、品嚐每一口食物。

去聞一聞、摸一摸，感覺吹拂過的清風和照耀在身上的陽光；看著月亮，讓自己化為靜靜在觀照的一池水，你會發現一輪絕美的明月就反照在你裡面。在生活中無論做什麼，都要不間斷地保持觀照。你會一次又一次地忘記

> 你唯一要學習的就是觀照。去觀照！觀照你的每一個動作，觀照頭腦中出現的每個念頭，讓每一件事變成你去觀照的機會。

觀照，別因此而難過，那是正常的；在以往幾萬世的生命中，你從不曾嘗試去觀照，所以很容易就會忘記。忘記就忘記，這並沒有什麼，只要在你記起的時刻，再次去觀照。

謹記一件事：當你發現自己又忘記觀照時，不要覺得懊悔，否則你是在浪費時間。別為了這悶悶不樂，以為自己錯過了什麼，更別認為自己是罪人，自責不過是在浪費時間。永遠別為了已逝的過去在追悔！

就是活在此時此刻。假如你忘記了，那又怎樣？你當然會忘記，要消除既有的習慣本來就不容易。況且那些積習不是在這一世你才有的，它們跟著你不知已有幾萬世了，所以，就算你的觀照只能維持一小段時間，你也要懂得心存感謝，那可是得來不易的。

他觀照，他明明白白。

當你觀照時，一切會變得清楚。為什麼觀照會讓你清楚？因為當你愈留心去觀察自己，你的腳步就會愈放慢，而你也會變得優雅從容。在你觀照時，你一向喋喋不休的頭腦比較不那麼聒噪，因為，原本用來喋喋不休的能量現在轉為觀照的能量——那是同一股能量！會有愈來愈多的能量被蛻變為觀照，於是頭腦得不到養分，念頭漸漸地變得單薄、失去重量；慢慢、慢慢地，它們開始凋謝。隨著念頭的消失，清晰就呈現出來，你的頭腦成了一面鏡子。

他是多麼地快樂！當一個人清楚明白時，他是充滿喜樂的。不快樂的根源是迷惑，喜樂的根基在於一切看得清清楚楚。

他是多麼地快樂！因為他看得到，清醒是生命的道路。

現在的他知道死亡並不存在，因為清醒是無法被奪走的；當死亡來臨時，你也將會觀照它，你會在死亡中保持觀照，觀照不會隨死亡而逝。你的身體會消失，回歸到塵土中，但你的觀照依舊繼續，它將會成為整個宇宙的一部分，將會變成宇宙的意識。

在這樣的時刻裡，《奧義書》中的先知們說出了：「我是宇宙的意識。」

不快樂的根源是迷惑，喜樂的根基在於一切都看得清清楚楚。當一個人清楚明白時，他是充滿喜樂的。

在這樣的境界中，蘇菲神祕家曼蘇爾（al-Hillaj Mansoor：因講出這一句話而被解肢、投石至死)曾宣告：「我是宇宙的意識！」這些高層的境界是你與生俱來就該得的，假如你不在那裡，唯一該為此負責的人就是你。

他是多麼地快樂！因為他看得到，清醒是生命的道路。
他是多麼地快樂，遵循著醒悟的道路行走；
懷著無比堅定的毅力，他在修行，追尋自由與快樂。

仔細聆聽這些話語：「懷著無比堅定的毅力……」除非你用所有的力量來搖醒自己，不然那不會發生。半調子是沒有用的，你不能只是愛做不做的樣子，就像半冷不熱的水無法昇華變成水蒸氣，三心二意的結果注定會失敗。

當你投入你所有的心力，蛻變才會發生。當你沸騰到攝氏一百度時，你才會蒸發，那是個神奇的轉變，然後你才開始往上升。有沒有注意過？水是往下流，水蒸氣卻是往上揮發，正如同無意識往下走，而意識往上提升是一樣的道理。

往上等同進入內在，往下等於進入外在；意識是往內的，無意識是往外的。無意識會使你的注意力朝向外在的人事物，讓你完全處於黑暗當中，使你的目光焦點總是在別人身上，你整個人是外向的。意識使你變得內斂，帶著你日漸深入內在。

愈來愈深入也代表著愈來愈高，那是同步發生的。好比一棵樹成長的方式，你只看到它長高，沒看到它的根往下扎，但根必須先往下扎，樹才有可能往上長。樹若是要高聳直入雲霄，根就必須延伸到最深的底部，樹的成長方式是雙向的。意識也是以同樣的方式在往上成長……往下扎根，它的根深入到你的本質當中。

痛苦的根源

痛苦是一種無意識的狀態。我們之所以痛苦，是因為我們沒有意識到自

> 痛苦是一種無意識的狀態。我們之所以痛苦，是因為我們無時無刻都在與自己矛盾衝突，完全沒有歸於中心。

己在做什麼、想什麼或感覺到什麼，所以無時無刻都在與自己矛盾衝突。手上做一件事，頭腦想的卻是另一件事，心裡在感覺的又是另一件事，我們就是這樣分崩離析，愈來愈分裂，那就叫痛苦。我們失去整合與統整，完全沒有歸於中心，只是在邊緣繞。不和諧的生活注定是不快樂的，那成了一個不得不扛的包袱，你能做的頂多是讓自己不要太痛苦，而止痛劑又是隨處買得到的東西。

不只是藥物和酒精，所謂的宗教也扮演著像鴉片的功能，使人像吃了藥一樣會上癮。所有的宗教當然是反對藥物的，基於在同一個市場的理由，他們當然不贊成競爭對手的生意。如果人們吸食鴉片，或許他們就沒有信仰宗教的需要了，既然已找到他們的鴉片了，有誰還會想到宗教？鴉片不但更便宜，而且又省事。假如人們服用大麻、迷幻藥（LSD）和其他更精製的藥物，自然他們不會去信仰宗教，因為宗教本身是很原始的藥物，所以只要是宗教都會反對藥物。

理由倒不是他們真的反對藥物，只是藥物是宗教的競爭對手，假如可以阻止人們使用藥物，那他們當然會落入宗教人士的圈套，因為唯一剩下的一條路就是宗教。那是一種壟斷的手段，於是他們的鴉片能留存在市場裡，其他的都是非法藥物。

只有兩個方式能夠解決人們的不快樂：一是他們走上靜心——警覺、覺察、有意識……那是費力的方式，走這個途徑需要勇氣。或是比較廉價的方式，去尋求某些比你甚至更沒有意識的東西，這樣你就感覺不到痛苦；也就是去找能使你變得很遲鈍的東西，像酒精或是止痛劑，這些東西會使你陷入無意識，使你感覺不到你那些不安、苦悶和沒意義的感受。

第二種方式是不真實的，那種方式不過是使你用比較舒適的姿態去受苦罷了，你會因而比較能承受那個苦，然而那對事情一點幫助都沒有，你不會產生蛻變。蛻變唯有透過靜心才發生，靜心是唯一能讓你覺知的方法。

對我而言，靜心才是唯一真正的宗教，其他的宗教都是唬人的戲法——

基督教、印度教、回教、耆那教，這些都是不同品牌的鴉片，容器不同，但裡頭裝的成分都是一樣的：他們全都以某種方式在幫你適應你的痛苦。

我在此的努力是帶領你超越痛苦；你並不需要適應痛苦，你有機會能完全免於痛苦，只不過，這是一條比較艱辛的路，你必須面對挑戰。

你必須開始覺察到自己的身體，以及你是如何對待你的身體的……

有一天早晨，國王前去聆聽佛陀說法，他就坐在佛陀的正前方，當他一面聽講時，他腳趾的大拇指不斷地動，佛陀於是停下來看著國王的腳趾頭。當佛陀去看他的腳趾頭時，國王的腳趾頭就不再動，然後佛陀接下去演講，國王又會開始動他的腳趾頭。佛陀於是問他：「您為什麼會動腳趾頭？」

國王說：「只有在您停止演講，看著我的腳趾頭時，我才會意識到我的動作，不然，我一點意識都沒有。」

佛陀說：「這是您的腳趾頭，您都沒有意識……那您甚至可以殺了一個人，大概也不會意識到自己在做什麼！」

殺人者就是在這樣毫無意識的狀態下殺人的。在法庭上發生過許多這樣的案例，罪犯堅決否認自己殺了人，以前一開始他們總被認為是故意說謊，但是最新的研究卻發現並不是那麼回事，他們是在無意識之下行動的，因為當時他們憤怒到極點，以致於完全被怒火所吞噬。

當你憤怒的時候，你的身體會分泌一種毒素釋放到血液中，使憤怒中的你處於暫時性的瘋狂當中，事後你會完全想不起來發生過的事，因為你當時一點意識都沒有。人們就是像這樣陷入愛河、彼此殘殺或自我傷害，毫無意識地在做各式各樣的事。

覺察的第一步就是觀照你的身體。慢慢地，你能夠對自己的每一個姿勢、動作有所警覺，隨著你變得有意識，奇蹟就開始發生，許多你以前在做的事會自行消失。你的身體變得較放鬆、協調，會有種平靜從你身上擴散開來，一股隱隱約約的音樂在你的脈搏裡鼓動著……

覺察的第一步就是觀照你的身體。隨著你變得有意識，奇蹟就開始發生，許多你以前在做的事會自行消失，你的身體變得較放鬆、協調。

接著開始去覺察你的思緒——對思緒也是這麼做。思緒比起身體要來的細微，當然也比較危險。當你能覺察到自己的思緒，你會對那些思緒感到訝異，要是你寫下每個片刻腦袋裡所閃過的念頭，你自己會嚇一大跳，不禁去懷疑：「我怎麼會想這個？」

只要連續寫十分鐘腦袋裡閃過的念頭。把門窗關好鎖上，別讓任何人進來看你寫的東西，所以你要百分之百誠實，記得起一爐火，看完之後把它丟進火裡燒掉！這樣一來，除了你之外沒有人知道。你絕對不要欺瞞，一五一十地寫下頭腦裡所出現的東西，別去解釋、修改、整理它，是什麼就寫什麼，按照它原原本本的樣子寫出來。

十分鐘之後，開始去讀你所記下來的東西，你將會看到內在那個瘋狂的頭腦！我們都不知道這整個瘋狂就像暗流不斷地在底下進行著，影響到你生活中重要的一切，不管你所做或你不做的事情，它的影響都無所不在，而你的一生就是這所有一切的加總。

這個瘋狂的人必須加以改造。關於意識的奇蹟就在於，除了去覺察，你無須做任何事，觀照的本身就能達成改變。這個瘋狂的人會漸漸失去蹤影，思緒慢慢落入一個特定的軌道，不再一片混沌，而是形成井然有序的宇宙。於是再次地，更深的平靜會瀰漫開來。

當你的身體和頭腦處於平靜的時候，你將會發現它們也是彼此協調的，彷彿中間有座橋樑。現在，它們不會往不同的方向跑，不會再各奔東西；彼此之間第一次有種秩序，那個秩序將大大地有助於第三步的工作：覺察自己的感覺、情緒、心情。那是最精微、最不容易觀照的一層，不過若你已經能觀照思緒，你只要再跨出一步就行了，當那些心情、感情、感覺開始映現出來時，你需要再多一些些的意識。

一旦你能觀照這三者，身體、思緒、感覺會結合成為一體。當合而為一的現象發生時，它們相互間的運作可謂完美無缺，你可以感覺得到三者合奏的樂章——它們已變成一個交響樂團——接著第四步會發生。第四步是你無

> 使一個人悟道的最終覺知，就是覺知到自己的意識，唯有在那樣的覺醒中，你才知道狂喜的滋味。覺察是朝向狂喜的道路。

法做的，它自行發生，那是來自整體的一個禮物，賜給已經完成前面三步的人的獎賞。

第四步是使一個人悟道的最終覺知，就是覺知到自己的意識——那就是第四步，你成佛、你已經覺醒了，唯有在那樣的覺醒中，你才知道狂喜的滋味。身體知道快感，頭腦知道快樂，心知道喜悅，而第四步知道狂喜。狂喜是目的地，覺察是朝向狂喜的道路。

你活在單獨的世界

赫拉克萊特斯(Heraclitus)說：

人是健忘又粗心的；
即使在清醒的時刻
對周遭所發生的事，

也猶如沉睡般地渾然不覺。
愚蠢的人們他們聽而不聞，
有句箴言適用於他們身上：
「他們所在的地方，也就是他們不在的地方。」
人不該在昏睡中行動或說話。
醒覺的人所在的世界是共通的，
沉睡的人則各自活在單獨的世界；
清醒時，所見皆死亡，
沉睡時，所見皆夢幻。

赫拉克萊特斯觸及人類最深的問題：連人醒著的時候，卻也還在睡覺。你睡覺時睡覺，但當你醒來時，你還是在睡覺。這是什麼意思？這就是佛陀、耶穌、赫拉克萊特斯所說的，你看起來清醒的很，不過只是表面而已，你的內在深處還繼續在睡覺。

以前你做過了哪些事？你能正確無誤地記起前因後果嗎？你發生了什麼事？當事情發生的時候，你是有意識的嗎？

甚至是到現在你裡面也還在作夢，沒有意識到你腦子裡那沒停歇過的一千零一個念頭，還有外面正在發生的事；你沒有警覺到自己在做什麼，也不知道自己是誰，你做事的樣子就像是在夢遊。

有人會在睡覺狀態中做些事，然後又回去睡覺，這種疾病叫夢遊症。許多人夜裡起床，眼睛睜開著到處走動，他們會走出房門，到廚房裡吃點東西，然後再爬回床上睡覺。要是你隔天早上問他這件事，他並不會有印象，頂多他會試著去回想，然後說那晚他做了一個夢，夢見他醒來到廚房去，可是那是個夢，最多是如此，能想起那樣已經不簡單了。

許多作姦犯科的人、許多殺人犯，都說他們不知道、甚至不記得自己曾犯下的事。不是他們存心要欺騙法官，不是的，現在心理學分析家已經發現他們不是欺騙，也不是說謊，他們說的絕對真實。他們確實是殺了人——在他們睡得很熟的時候，就像是在作夢一樣。

這種睡眠比一般的睡眠還深沉，猶如喝醉酒的時候，你可以做一些小事，也可以有些微意識，可是你是喝醉的，你不知道實際上發生了什麼事。以前你做過了哪些事？你能正確無誤地記起前因後果嗎？你發生了什麼事？當事情發生的時候，你是有意識的嗎？通常，你不知道自己為什麼愛上了一個人，或者你不知道為什麼悶悶不樂。

你當然會為自己找理由，不管做什麼，你總會為自己的言行合理化——但是，話說的再有道理也並不代表你有覺知。

覺知就是：不論當下發生什麼，你是完全有意識的，你是「在」那裡的。當憤怒正在發生，假如你「在」的話，那麼憤怒就不會形成，因為你毫無意識才會憤怒。如果你是「在」的，你的本質在瞬間會蛻變，因為當你「在」的時候，你的意識會使得許多事情都變成不可能，所有被稱為罪惡的事情，對有覺察力的你來說都是不可能的，所以，只有一種罪：無意識。

「罪」（**sin**）的原始意義是錯過，而不是指犯錯，它就只是錯過、缺少的意思。希伯來文的字根中，**sin** 是錯過(**miss**)的意思，英文裡有一些字帶有這

覺知就是：不論當下發生什麼，你是完全有意識的，你是「在」那裡的。所以，只有一種罪：無意識。

樣的意味，例如**misconduct**(欠缺引導、行為不檢)、**misbehavior**(缺乏規矩、不守規矩)。

錯過的意思是：你人在那裡，心卻不在那裡——那是唯一的罪。那唯一的善呢？當你做某件事時，你完全意識到自己所做的，葛吉夫叫這「記住自己」(**self-remembering**)，佛陀說「正念」(**rightly mindful**)，也就是克里希納穆提的「覺知」，卡比兒所說的「蘇拉堤」(**surati**)。

要真正的在那裡！唯一需要做到的只是這一件事，沒有別的。

你不需要改變任何事情，就算力圖轉變也是徒然，那些你嘗試過改變的許多事，有哪件事曾經成功過？你已經決定過多少次不要再生氣？那些決定生效了嗎？每當狀況發生的時候，你又會掉入同樣的陷阱：你生氣，等事情過後，你又開始懊悔。那已經是一個惡性循環：你動了怒，然後你覺得後悔，可是你隨時又會再動怒。

記住，就連後悔的時候，你人也不在那裡，你的後悔也是罪的一部分，所以才會沒有任何作用。就算試了再試，也做了許多決定，立下不少誓言，可是一切依舊不變，你還是原來的樣子。你和剛出生時沒什麼兩樣，沒有絲毫的變化，並不是你沒有嘗試過改變，你曾經試了又試，失敗的原因在於那和努力是無關的；再努力也沒有用，改變的關鍵在於警覺，而非努力。

當你警覺的時候，很多東西自然抖落，你無須去丟掉它們。我的定義是：當意識在的時候，有一些事情是不可能的，除此以外沒有其他的標準。

當你有意識的時候，你不可能墜入愛中，這樣的愛是一種罪，你可以去愛，不過那不會是墜落，而是上升。為什麼我們會使用「墜入愛中」這樣的說法？那是一種沉淪，你在往下掉，不是往上升。當你有意識時，你不可能往下掉——就算是為了愛你也不會讓自己掉下去，那是不可能的，根本不可能發生。隨著意識提升，你不可能往下掉，只會在愛中上升。

在愛中上升是完全不同於往下墜的現象，墜入愛中是一種作夢的狀態。

改變的關鍵在於警覺，而非努力。當你警覺的時候，很多東西自然抖落，你無須去丟掉它們。

去觀察戀愛中的人，你可以看出，他們的眼神看起來比別人朦朧，因為他們的眼裡有一股睡意。在愛中上升的人完全不同，你可以看得出這樣的人不再活在夢裡，他們面對現實並且透過現實而成長。

墜入愛裡的人還只是一個孩子，在愛中上升則表示他已經成熟，愛逐漸不再是一種關係，而是你的本質狀態，你不會只愛這個而不愛那個，不，你就是愛本身，任何來到你身邊的人，你與他們分享；不管發生了什麼，你給與你的祝福。當你碰觸一顆石頭時，就好像在碰觸你所愛的人的身體；當你看著樹，就像看著你所愛的人的臉龐。愛成了你的存在狀態，而不是你在愛裡面，現在，你就是愛，這是上升，而不是墜落。

當你經由愛上升時，那樣的愛是美的；當你陷在愛中時，那樣的愛是骯髒、醜陋的，遲早會變成毒藥和包袱。你曾經陷進去過，那時你的翅膀被切斷，失去了自由，在愛中你只學到占有：你占據別人，也讓別人占據你。你將自己和所愛的對象都貶為物品。

去看看丈夫與妻子之間，他們都已經物化而不再是人，因為兩個人都如此地想占有對方。唯一能被占有的只有東西，人無法被占有，你怎能占據一個人？你怎能控制一個人？你怎能將一個人降為你的所有物？那是不可能的！可是，丈夫會試圖占據妻子，妻子也在做同樣的事，於是一定會有衝突產生，這樣的夫妻可以說是互相對立、反目成仇的。

發生過這樣的事：

慕拉・那斯魯丁走進一座公墓的辦公室，並對管理的負責人抱怨：「我很確定我老婆就是埋在你們的墓園裡，可是我居然找不到她的墓地。」

負責人一面翻查登記上的資料，一面問道：「請問尊夫人大名？」

於是那斯魯丁說：「慕拉・那斯魯丁太太。」

負責人再看了一次之後說：「這裡沒有慕拉・那斯魯丁太太，不過倒是有一位慕拉・那斯魯丁先生。很抱歉，好像是我們在紀錄上弄錯了。」

那斯魯丁說：「那就沒有錯了，因為所有的事情都是用我的名字。請告訴我，慕拉．那斯魯丁先生的墓地在哪裡？」

連他老婆的墓地都要用他的名字！

占有……每個人總試圖占有自己所愛的人，這已經不叫愛；事實上，當你占據一個人的時候，你是在憎恨、破壞、屠殺，你是一個殺人犯。

愛應該給與自由，因為愛就是自由，愛會讓你所愛的人愈來愈自由，愛會賦予你一雙翅膀，為你敞開廣闊無際的天空；愛不會變成一座將人囚禁的監牢，不過你不知道有那樣的愛，因為只有當你有意識的時候，那樣的愛才會發生，那種品質的愛唯有在意識中才會出現。你所知道的愛是罪，你的愛是出於昏睡。

你所做的一切也是如此，常常是你想試著做好事，卻適得其反。看看那些做善事的人，他們永遠是造成傷害的人，他們可以說是地球上最有害的人類。社會改革者、所謂的革命家，他們的破壞性最大。但是要看出他們的破壞性不容易，因為他們是好人，你看他永遠在對別人做好事——那正是他們用以囚禁別人的方式。

假如你讓他們為你做點好事，你就會被他們占據。他們會按摩你的腳，不過，遲早你會發現他們的手在不知不覺中移到你的脖子上！發生這種事是因為無意識，他們不知道自己在做什麼，只學到一個伎倆：假如你想控制某個人，就去對他好。他們甚至不知道自己已經學到這個伎倆，但他們是在傷害人；因為任何控制他人的行為，無論掛上任何名義或轉換任何形式，都是沒有宗教品質的行為，那是一種罪。

你的教堂、寺廟、清真寺，他們全都是犯下罪行的罪人，因為他們全都將你掌控在手心裡。教堂其實是不支持宗教的，因為宗教即是自由！

為什麼會變成這樣？耶穌想要將自由的雙翅賦予你，為什麼變成教堂出現？因為耶穌活在一個截然不同的層次，那是意識的層次，而跟隨祂的人活在昏睡的層次，所以不管從耶穌那裡聽到什麼，他們都會在自己的夢境中詮釋，由此他們所創造出來的注定會是一種罪。耶穌要教給世人的是宗教，可

任何控制他人的行為，無論掛上任何名義或轉換任何形式，都是沒有宗教品質的行為，那是一種罪。

是意識昏沈的跟隨者卻將宗教轉換成教堂。

據說有一回撒旦正坐在樹下，心情十分低潮。有一位聖人經過樹下，他看了看撒旦，接著說：「我們都聽說你是個閒不下來的人，你總是到處做怪，現在怎麼會有空坐在樹下呢？」

撒旦真的非常沮喪，他說：「我的工作似乎已經被教會所取代了，而我卻束手無策，只有眼睜睜地看著自己失業。有時，看到教會將工作做得那麼好，我就很想去撞牆。」

教會之所以會做得那麼好，是因為他們將自由變成囚禁，將真理變成教條——他們將意識水平的每件事降到無意識水平上。

試著去了解昏睡確切的意義，因為若你能感覺得到它，你等於開始有了警覺心，開始走在清醒的路上。昏睡是什麼？是怎麼發生的？它的機制又是什麼？是如何產生作用的？

頭腦不是處在過去就是在未來，它無法在當下，要它在當下是絕對不可能的事。當你在當下時，頭腦就不存在，因為頭腦意謂著思維。請問在當下怎麼思考？你可以去想過去，因為過去已是記憶的一部分，頭腦能在那裡工作；你也可以去想未來，未來尚未形成，頭腦可以幻想未來。

頭腦可以做兩件事：不是進入過去，就是去到未來。過去的空間無限廣闊，那裡的空間夠大，你愛去多遠就去多遠；未來也是無邊無盡，你可以天馬行空，盡情作夢、幻想。但是頭腦在當下要怎麼運作？當下沒有半點空間給頭腦做任何事。

「當下」是一條分界線，如此而已，它不是空間，只是劃分過去與未來的一條分界線。你可以活在當下，但你無法在當下思考，思考是需要空間的。思維會占用空間，它們就像物品，記住，思維是細微的物品，也是物質。思維不屬於靈性範疇，只有當你沒有思維時，靈性的空間才能展開。思維是物

> 你可以活在當下，但你無法在當下思考，思考是會占用空間的。只有當你沒有思維時，靈性的空間才能展開。

質的，儘管體積很小，但還是會占空間。

你無法在當下思考，當思考開始運作，你已經處在過去。你看到太陽正在升起，於是你說：「好美的日出喔！」那時已經成為過去。當太陽正在升起時，連說「好美喔！」的空間都沒有，因為當你說出這幾個字時，那個美的經驗已經變為過去，頭腦已在記憶中知道了。正當太陽升起的時候，就在太陽緩緩上升之時，你要怎麼思考？你能思考什麼？你可以與這個日出同在，但你無法思考，那個當下的空間只夠呈現給你，無法給思維。

花園中有朵嬌美的花，你說：「一朵嬌美的玫瑰」，就在你說的那一刻，你已經沒有和這朵花在一起了，它已成了你的記憶。當那朵花在那裡，而你也在那裡，兩者面對面，你如何思考？你有什麼好想的？怎麼可能再去想些什麼？根本沒有空間給你去想任何東西，那空間非常狹小……事實上，是沒有任何空間。你和花甚至不能以兩者的姿態並存，因為空間不夠大，唯有你們合為一體才行。

所以說，當你深深地處在那個當下時，你就是那朵花，那朵花也變成了你，沒有思維的時候，誰是花而誰又是看花的人？看的人變成被看的對象，忽然間你和花之間的分別就不見了，忽然間你穿越了那個分野進入了花，花也穿越進入了你，忽然間你們不是分開的，你們變為一體。

如果你開始思考，你和花又會分開。假如你不思考的話，哪裡有二分性？當你和花在一起而沒有任何思緒時，那是一種交流，而不是對話。當你和所愛的人在一起，那是一種交流，而不是對話，因為你們不是以兩個人存在的。你坐在心愛的人身邊，握著對方的手，你只是存在，既沒有想已逝的過去，也不想往後的未來，你們倆就在此時此刻。能在當下是如此的美，如此的強烈，沒有任何思維能穿透這樣的強烈度。

那扇門是很狹窄的，「當下」的門是很狹窄的，在二分的狀態下，兩者無法一起進入當下，唯有合在一起時才能通過那道門。在當下思想和作夢都是不可能的，作夢不過是思想的圖形化，兩者都是物質。

「覺知」是全然在當下，你既沒有回到過去，也沒有跑到未來，一切的動作皆停止，而一種新的、不帶任何動機的行動開始發生。

當你沒有在想任何事情，只是在當下，那將是你與靈性的第一次接觸，一個新的次元展開了，那正是覺知。由於你還不知道那個次元是什麼，赫拉克萊特斯才會說你是昏睡、沒有意識的。「覺知」是全然在當下，你既沒有回到過去，也沒有跑到未來，一切的動作皆停止。並不是說你就靜止不動了，一種新的、有深度的行動開始發生。

行動有兩種，耶穌的十字架代表的正是這兩種行動。其中一種是線性行動，你以直線的方式移動，從一件事到另一件事，從一個念頭到另一個念頭，從一個夢到另一個夢——從A到B，從B再到C，再從C到D，你以水平直線的方式在行動。這正是時間移動的方式，也是昏睡之人移動的方式。你可以像梭子一樣來回移動——反正都是那條線，看你要從A到B，或從B到A都可以，你在同一條線上移動。

還有另一種行動方式，那是截然不同的次元，它的移動不是水平方向，而是垂直方向，你不是從A到B，再從B到C，而是A到更深的A：從A_1到

A2、A3、A4——往深度或者是高度的方向移動。

當思維一不在，新的行動方式就開始，你會好比掉到深淵裡一般。靜心深入的人，遲早會來到那個點，宛如面臨一個無底深淵，不由得一陣暈眩，心中感到惶恐不已，他們會想回頭抓住舊的行動方式，因為那是已知的，而眼前這個深淵就像死亡。

這就是耶穌的十字架所指的意思，那是一種死亡，從水平線到垂直線的經驗是一種死亡，真正的死亡。不過那個死亡僅是從單方面來看，從另一面來看是一種重生，死亡是為了再次活過來。在一個次元中死去，為的是能夠從另一個次元出生，水平線上的你是耶穌，垂直線上的你成了救世主。

假如你從一個念頭進到另一個念頭，那仍是停留在時間的世界裡；假如你進入「當下」這個片刻，而不是進入「念頭」之中，你即是進入了「永恆」。你並不是靜止不動的——在這世界裡，沒有什麼是靜止不動的，沒有什麼可以是靜止不動的——會有一種新的行動方式自你的內在產生，那種移動方式不帶任何動機。記住這些話語，你在水平線上的行動是出於某種動機，你必須成就某些事：金錢、名望、權勢或是神，總而言之，你就是要達成某種成就，你是懷有企圖的。

帶有動機的行動表示你是無意識的；沒有動機的行動則表示你的意識是清醒著的，你出於純粹的喜悅行動。你行動是因為行動就是生命，生命就是能量，能量就是行動。你行動是因為能量即是歡喜，不為別的，你並沒有目的，不是在追逐什麼成就，其實你根本哪裡也沒有去，只是開開心心地待在能量中罷了。在行動之外沒有任何動機，行動的本身即有其本質上的價值，不用附加其他的價值。

一個佛也要過生活，赫拉克萊特斯也要過生活，我在這裡生活，跟每個人一樣要呼吸，可是我一舉一動的方式是不同的，我沒有任何動機。

幾天以前有人問我一個問題：「為什麼你要幫助人們靜心？」我告訴他：「沒有為什麼，做這件事使我快樂，我就是很享受幫助人們靜心。」就好像某人很享受在花園裡撒下種子，然後等待開花結果；當你開花的時候，我覺得享受，就像做園藝，當花朵盛開時，那真是無比喜悅的事。

我只是分享，沒有什麼目的，所以要是你沒有成功，我也不會覺得挫折；假如你不開花也沒有關係，因為開不開花是強求不得的。你不能強行去打開花苞，要這麼做也可以，只是你會摧折了一朵花，或許看上去像是開花了，但實際上不是。

整個世界、整個存在都是在永恆中運轉，而頭腦是在時間裡運作。存在是於高度與深度中活動，頭腦則是在一條直線上來回活動。頭腦的方式是水平的，那是無意識的，如果你能活在垂直的次元中，你才是有意識的。

活在當下這個片刻，將你整個人帶到當下這一刻，別允許過去干涉，也別允許未來加入。過去的已不復存在，正如耶穌說的：「讓逝者埋葬他們已逝的過去。」過去的已經不在，為什麼還要為過去的事擔心？為什麼還要一再反覆去咀嚼它？你難道瘋了不成？它已經沒有了，只剩你腦中的記憶罷

如果你能活在垂直的次元中，你才是有意識的。
將你整個人帶到當下這一刻，別允許過去干涉，
也別允許未來加入。

了。未來還沒發生，你想它又能怎樣？都還沒發生的事情，你怎麼去想？你能為它做什麼計畫？不管你對未來做任何想法，未來都不會按照你所想的發生，於是你感到很挫折，不明白整體(the whole)自有它的計畫。為什麼你試著要用自己的計畫和整體唱反調呢？

存在自有其計畫，它比你有智慧，整體必須比局部要有智慧。你為什麼要假裝自己是整體呢？整體有它要成就的命運，你又何必去干涉？無論你做什麼都是一種罪，因為你將會錯過當下的片刻。假如那成了一種習慣——正如它已經變成的，假如你開始錯過當下，且成為習慣，那麼當未來再度降臨時，你將又會錯過，因為當它來臨時，不會是未來，而是當下。

昨天你在想今天的事，因為對當時來說，那是明天，而當它是今天時，你又在想明天。當明天到的時候，它會變成今天，因為所有存在的一切，只存在當下，不可能存在別的地方。假如你有這種根深柢固的運作模式，你的頭腦永遠在明天，那麼你何時才會活著？明天永遠不會到來，你將會不斷的

錯失，這就是罪，就是希伯來文字根 sin 的原意。

當未來出現的時候，時間就出現；然而存在是沒有時間性的，活在時間當中無異於犯下了罪，因為你錯過當下，這是違背存在的。但是那已成為你固定的機械性模式，所以你總是一直在錯失。

有些人來自遙遠的國度，當他們在自己國家的時候，他們想到我就覺得很興奮，他們會讀我的東西，想到我、對我有夢。當他們到了我身邊，卻開始想他們家裡的事，就在他們剛到的時候，他們又已經打道回府了！因為他們在想他們的小孩、老婆、工作，還有其他一千零一件事情。我看出這整個愚蠢，當他們回到自己國家時，他們又會想我，這就是錯過，就是罪。

當你在這裡和我在一起時，就和我在一起，全心全意地和我在這個地方，你才能學習新的行動方式，好讓你能進入永恆，而不是待在時間裡。時間是世間，永恆是神；水平線是世間，垂直線是神，這兩者在一個地方交會，那正是耶穌被釘上十字架的地方。水平線和垂直線在一個點上會合，那個點

當你在這裡和我在一起時，就全心全意地和我在這個地方，你才能學習新的行動方式，好讓你能進入永恆，而不是待在時間裡。

即是此時此刻。從此時此刻起，你可以走上兩種旅途，其中之一是在這個世界裡、在未來；另一種旅程是進入神、進入深處的所在。

你的覺察要愈來愈深，對當下要愈來愈警覺、敏銳。

你該怎麼做？要如何將覺察變成可能？因為你睡得如此深沉，你也可以把這件事變成你的夢，你可能會將覺察變成一個思考的標的，於是整件事又變成一個思考過程，會為了思索要如何辦到而變得很緊張，這樣反而無法活在當下，因為想太多要如何在當下並不會有所幫助。如果你又是一個容易有罪惡感的人……你有時不小心跑到過去時，你一定會的，那是你長久以來的例行模式，或者你有時候忍不住想到未來的事，你馬上會為自己又犯了罪而覺得很愧疚。

不要覺得愧疚，只要了解這個罪，但不必有罪惡感，這是份很細微、很微妙的了解。當你心懷愧疚時，你已經錯過事情的重點，因為舊的模式變成以一種新的方式在運作，你現在愧疚是因為你錯過了當下，這又是在想已經過去的事。當下已經不在了，它變成了過去，你的愧疚又是一種錯過。

記住一件事：每當你發現思緒跑到過去或未來時，別將它當成問題，只要回到當下。不要為你自己製造任何問題，沒有關係的！只要回到你的意識，你將會一再錯過，不過它並不會馬上發生，它是可以發生的，但不會因為你而發生。對於長久以來僵化的行為模式，你無法馬上就改變它。不過也用不著擔心，存在並不急，永恆可以無限地等待你，別為自己製造壓力。

每次當你覺察到自己已經錯過，回來，那就對了。別愧疚，那是頭腦的詭計，它又在耍伎倆了。不要又說：「我又忘了」，當你一想到的時候，回到你正在做的事。當你正在洗澡，就回到洗澡；當你正在吃東西，就回到吃東西；走路，就回到走路。任何時候你發現自己不在當下，只要很單純地回來，不要製造罪惡感，心懷愧疚代表你分不清楚事情的重點是什麼。

只有罪，但沒有罪惡感，不過那對你而言不容易。某件事情不對了，你立刻愧疚了起來，頭腦是非常狡猾的，在你覺得愧疚的時候，同樣的模式又

每當你發現自己跑到過去或未來時，別將它當成問題。回到意識，那就對了。別愧疚，那是頭腦的詭計。

開始了，只不過這個模式換了個包裝。人們告訴我：「我總是一再忘記，我試了又試，但只能記住幾秒鐘，我保持警覺、記住自己，但意識又會跑掉，我該怎麼做？」你什麼也不能怎麼做！那跟做不做一點關係都沒有，你能做什麼？唯一能做的就是不要製造罪惡感，只要回到意識就好了。

你不斷地回來……只要記住自己，別拉長著一張臉，不必很用力，保持你的簡單與天真，不要拿它製造問題，因為永恆並不急於一時。所有問題只存在於水平的空間，這個問題也不例外，垂直的空間並不知道什麼是問題，它是純粹的喜悅，沒有焦慮、痛苦、煩惱、罪惡感，什麼都沒有。保持單純，然後回來。

你將會錯過許許多多次，這是理所當然的，不必擔心，事情本來就會這個樣子。你會錯過許多次，但那不是重點所在，別把注意力放在你的一再錯過，而是去注意你一次又一次記起來的事實。

牢記這一點，你所要強調的不是你的遺忘，而是你的回來。你要很高興自己的遺忘，那本來就會發生，你不過是個平凡人，活在水平空間裡已經很久了，所以遺忘是正常的，美麗之處是在於你不斷的回來，你已經做到了不可能的事，你應該高興才對！

在二十四小時裡你會忘記兩千四百次，但是你將會記起兩千四百次，此時一種新的模式開始運作，你回到家的頻率這麼高，新的空間逐漸開始變大，你愈來愈能夠待在意識當中，而漸漸不用反覆來回在遺忘與記起之間，兩者的距離會日趨縮小，你忘記的頻率減少，記起的頻率增加——你正在進入垂直的世界，就在某一天，水平的世界消失了。你的意識變得強烈，水平的世界就此消失。

商羯羅(**Shankara**)、吠檀多哲學(**Vedanta**)以及印度教徒所說的這世界是幻象，指的就是這個意思。因為當覺知變得完整時，那個由頭腦所創造出來的世界就不見了，另一個世界對你展開，馬雅(**Maya**)消失，幻象消失，幻象是因你的昏睡、你的無意識而存在的。

你周圍所見的這個世界並不是真實的，不是說它不存在，它存在，但是你隔著一層昏睡的簾幕看它，你和它中間夾著無意識。

就像作夢，晚上睡覺時你進入夢鄉，在夢中一切是如此真實，你是否曾在夢中想過：「這不會是真的吧？」不可能的事發生在夢中，但你卻沒辦法懷疑，在夢中你的信仰很堅定，在夢中沒有人是懷疑論者，連羅素在作夢的時候都不會有任何懷疑。是的，在夢中每個人都像個小孩，對所發生的事情都是信任的。例如你在夢中看見你老婆走過來，接著她搖身一變化為一匹馬，你連想都不會想一下：「這怎麼可能？」

在夢中的遊戲規則是信任，對一切都必須深信不疑，當你開始在夢中懷疑，這個規則就被打破了。一旦你懷疑，夢就開始瓦解，即使只在一次的夢中你能記起這是個夢，在那瞬間，這個憶起會對你造成震驚，而夢將會粉碎，於是你完全地清醒過來。

你周圍所見的這個世界並不是真實的，不是說它不存在，它存在，但是你隔著一層昏睡的簾幕看它，你和它中間夾著無意識。當你看著它的時候，你是用自己的方式在解釋你所看到的，就像是一名醉漢。

醉醺醺的慕拉．那斯魯丁匆匆地跑進一間電梯裡，當時操作電梯的人正要將電梯門關上，但還是讓爛醉如泥的那斯魯丁給擠進去。電梯裡實在太擁擠了，大家注意到那斯魯丁喝醉酒，因為他身上的酒味可以薰死人。他想要假裝沒事，把臉別過去對著門，可是他因為酒醉的疲累而眼前一片迷濛，什麼也看不到，接著他又試圖讓自己站穩，但也辦不到，這令他覺得很尷尬，因為每個人都瞪著他看，他感覺得到大家都認為他醉得不醒人事，由於實在不知道還可以做什麼，他忽然說：「你們一定在奇怪為什麼我要召開這個會議。」

到了早上那斯魯丁就會沒事，他會笑自己，就像你現在的笑一樣。

所有的佛在覺醒之後都會笑，那笑聲就像是獅子吼。他們笑，不過不是笑你，而是對這整個宇宙的笑話在笑。過去他們活在睡夢中，因為欲望而完全失去知覺，透過欲望在看存在；那個存在不是真實的，因為他們把夢投射在存在上。

> 你把整個存在當成螢幕，然後將自己頭腦裡的東西投射上去，你所看到的東西並不在那裡，而在那裡的東西你沒有看到。

你把整個存在當成螢幕，然後將自己頭腦裡的東西投射上去，你所看到的東西並不在那裡，而在那裡的東西你沒有看到。再說頭腦對每件事情都有一套解釋，假如你有疑問，頭腦會解釋，會創造出理論、哲學、系統，好讓你覺得安心、沒有問題。哲學的存在是為了使生活更方便，讓一切看起來天下太平，可是，當你是昏睡的時候，所有的事都大有問題。

有個人來找我，他有個美麗可愛的女兒。他為了她憂心忡忡的問我：「每天早上她人都會不太舒服，我已經找過許多醫生，他們都說她沒有毛病，該怎麼辦才好？」

我告訴他：「你去找慕拉．那斯魯丁，這一帶就屬他算是有智慧的人，而且他無所不知，我從來沒聽他說過『我不知道』這句話，你去找他。」

所以他去了，我也跟著去看，因為我想聽那斯魯丁會怎麼說。那斯魯丁閉上眼睛沉思這位父親的難題，接著他張開眼睛說：「晚上她上床前，你會給她牛奶喝嗎？」

他回答：「對。」

那斯魯丁說：「我已經找到問題的所在：如果你讓小孩睡前喝牛奶，小孩整晚睡覺都會翻來覆去，由於這樣的翻攪，牛奶會變成優格，然後優格會變成乳酪，於是乳酪會變成奶油，接著奶油會變成脂肪，脂肪又變成糖，最後糖會變成酒精，那難怪她早上起來會有宿醉。」

哲學就是這麼回事：它是對事情的詮釋，特別是對無法解釋的事情的詮釋，假裝知道那些不為人所知的事情。哲學使生活更方便，你可以睡得比較好，就像是鎮定劑。

牢記這件事，哲學與宗教性的差異就在於此：哲學是鎮定劑，宗教性是震驚；哲學幫助你睡得更安穩，宗教性讓你不再睡覺。宗教性不是哲學，是一種帶你脫離無意識的方法；而所有的哲學是幫助你睡好覺的技巧，他們帶給你夢境與烏托邦。

宗教性不讓你有夢、不讓你活在烏托邦裡面，帶著你朝向真理，真理唯有在你不作夢的時候才有可能。作夢的頭腦無法看到真理，不但如此，它會將真理變成一個夢。

你曾注意過嗎？你調好鬧鐘，預計在隔天清晨四點鐘起床，因為要趕火車。到了早上鬧鐘響了之後，你的頭腦做了一個夢：你坐在一間廟裡，廟裡的鐘聲在作響。這麼一來事情就都說得通了，鬧鐘不再是一個問題，它叫不醒你，你已經有了合理的解釋——而且速度很快！

頭腦是微妙的東西，現代心理學家也不懂怎麼會這樣，頭腦如何能立即產生解釋，而且速度那麼快，這是很不容易的，一定是它事先就投射好的，不然怎麼可能？你會突然發現自己在一間鐘聲作響的教堂或廟裡嗎？鬧鐘一響，你在夢中馬上出現一個解釋，你試圖要躲過鬧鐘的干擾，因為你不想起床，不想在寒冷的冬夜裡離開被窩，所以頭腦告訴你：「這不是鬧鐘，是廟裡的鐘聲。」於是一切都得到解釋，你繼續睡覺。

這就是哲學一直在做的事，所以才會有那麼多的哲學理論，因為每個人需要不同的解釋；對另一個人睡眠有幫助的理論不見得對你有效，這是赫拉克萊特斯在他的話語裡所要傳達的。現在，試著去明白他所說的：

人是健忘又粗心的；
即使在清醒的時刻
對周遭所發生的事，
也猶如沉睡般地渾然不覺。

在睡眠時你沒有意識到周遭所發生的事，但是在你不睡覺的時候，你對周遭的事就留意過了嗎？

許多的研究指出，你的頭腦不允許百分之九十八的訊息進入——百分之九十八。只有百分之二被允許進入你的頭腦，而頭腦還會對這百分之二加以解釋。我說了某些話，你卻聽成另外一番話。我在說的是另一件事，你的頭

假如大多數的人沒有嘲笑你所說的話，你要小心，你一定說錯了什麼。唯有大多數的人認為你是傻子，你才有可能是有智慧的人。

腦立刻給你一套說辭，而且不會干擾到你的睡眠，你會在頭腦裡找一個位子將這套解釋吸收、放好，變成是自己的一部分。那就是為什麼你總是錯過佛陀、耶穌、赫拉克萊特斯和其他的佛，他們不斷對你說話，一直在告訴你他們發現到、體驗到某樣東西，可是當他們告訴你的時候，你馬上就去解釋他們的話，你有自己的詭計。

亞里斯多德深受赫拉克萊特斯打擾，他認為赫拉克萊特斯在人格上有某些缺陷。就這樣把他歸類下結論，因為他說的話不合亞里斯多德的胃口。赫拉克萊特斯一定對亞里斯多德的頭腦造成很嚴重的打擊，因為亞里斯多德走的是水平的路線，他是那方面的大師，而這個叫赫拉克萊特斯的人正試圖將人們推向深淵；亞里斯多德走在邏輯的平地上，而赫拉克萊特斯正試圖將你推向神祕的領域。

某些解釋是需要的，所以亞里斯多德說：「這個人有缺陷——生物上、生理上、人格邏輯上(characterological)，總而言之有缺陷就是了。要不然，他為什麼那麼投入在矛盾的事？為什麼他總是致力於神祕的領域？還有他為何要說在相反的事物之間存在著和諧？既是相反的，就不會有和諧，生是生，死是死，要劃分清楚，不要將事情混為一談，這個人似乎喜歡攪局。」

老子也是如此，他說：「除了我，每個人似乎都是有智慧的，除了我，每個人似乎都是聰明的——我是愚笨的人。」老子是地球上最偉大、最富智慧的人之一，但他感覺處在你們之中，他是一個愚笨的人。老子說：「每個人似乎都是思路清晰的思想家，只有我是糊里糊塗的。」亞里斯多德對赫拉克萊特斯說的話，老子對他自己說了。

老子說：「當一個人沒有用頭腦聆聽我的教導時，他會成道；當一個人用頭腦聆聽我的教導時，他有他自己的解釋，那個解釋與我一點關係都沒有；當某個人聽我說話，卻沒有聽進去——就是有人會充耳不聞——當某個人對我的話充耳不聞時，他會笑我的愚笨。」第三類的頭腦占了大多數，老子說：「假如大多數的人沒有嘲笑你所說的話，你要小心，你一定說錯了什麼。唯有大多數的人認為你是傻子，你才有可能是有智慧的人，否則不可能。」

不管在哪一個地方，你被教導的是邏輯，而不是奧祕；無論你身在何處，你得到的教導是理性，而非神祕性。

在亞里斯多德看來，赫拉克萊特斯所講的話很含糊；在你眼中，你也會這麼看待赫拉克萊特斯。因為亞里斯多德的影響力遍及全世界各個大學、學院，不管在哪一個地方，你被教導的是邏輯，而不是奧祕；無論你身在何處，你得到的教導是理性，而非神祕性。

大家都教你要清楚明確，假如你凡事都要講求確切，你必須在水平線上，在那裡A就是A，B就是B，A永遠不會是B。但是在神祕的垂直深淵裡，界限之間會交遇、融入彼此，男人是女人，女人是男人；錯是對，對是錯；黑暗是光明，光明是黑暗；生命是死亡，死亡是生命，所有的界限會相遇融合。

神是一個奧祕，不是三段論法，那些想用任何東西證明神的人，是在做一件不可能的事，對神你不能去證明什麼，證據是屬於水平世界的東西。

那正是信任的意義：你掉進一個深淵，你在裡頭經驗，你讓自己消融其中……於是你領悟了。只有在沒有頭腦的時候，你才能領悟，在頭腦消失前，那是不可能的事。不管你置身何處，那正是你人不在的地方，你可能在別的地方，就是不會在你所在的那裡。你所在的地方正是你不在的地方。

據說在古老的西藏經典中記載著，神去找過你許多次，但祂從來都沒發現過你在你所在的地方。祂敲你的門，但主人不在家——他總是在別處。你是在你的房子、你的家裡，還是在別的地方？神要如何找到你？不需要去找祂，只要待在家裡，祂自會來找你；祂也在找你，正如你在找祂一樣，只要待在家裡，讓祂來的時候能找得到你。祂來敲你的門，在你家門口苦等過無數次，可是你從來都不在家。

所以赫拉克萊特斯說：

愚蠢的人們他們聽而不聞，

有句箴言適用於他們身上：

「他們所在的地方，也就是他們不在的地方。」

在神祕的垂直深淵裡，男人是女人、女人是男人；
黑暗是光明，光明是黑暗；生命是死亡，死亡是
生命，所有的界限會相遇融合。

這就是昏睡：人不在那裡，在當下時刻跑到別處去。

慕拉・那斯魯丁坐在咖啡廳裡高談他對朋友的慷慨，就像所有人一樣，他不開口則已，一開口就講得渾然忘我。於是，某個人問他：「那斯魯丁，既然你是那麼慷慨的人，為什麼你從沒有邀請我們去你家吃飯？你連一次都沒請過我們，那怎麼成？」

那斯魯丁一時被興奮沖昏了頭，他居然忘了他的老婆。他說：「走吧，現在就去我家！」

一路上，他的神智逐漸清醒，當他想起他的老婆之後，不由得心裡覺得很不安，因為他一下子帶了三十個人回家。到了他家門外，他說：「你們在這裡等一下，大家都知道我有老婆，你們也都是已婚的男人，一定能了解這種事。先在這裡稍等一下，讓我跟她報備一聲，然後我再叫你們進來。」於是他進去，然後就不見人影了。

大夥兒在門外左等右等，等了半天他都沒出來，所以他們就敲門了。那斯魯丁已經將事情的經過都向他老婆細說分明，是他自誇得太陶醉了，所以中了朋友的圈套。他老婆說：「可是我們沒有那麼多東西可以招待三十個人，又這麼晚了，要出去買也不可能。」

那斯魯丁說：「我有辦法，當他們敲門的時候，你去開門，告訴他們我不在家就好了。」

所以當他們又敲門的時候，他老婆去應了門，她說：「那斯魯丁不在家。」門外的那群人說：「這就奇了，我們跟他一道來的，從他走進去以後我們就沒見他再出來過，而且我們三十個人一直守在門口等他，他一定在裡面，妳去找找看，他一定躲在某個地方。」

他老婆進去了，她問那斯魯丁怎麼辦。

那斯魯丁聽了忍不住激動起來，他說：「你等我！」他跑出去對他們說：「你們是什麼意思？難道那斯魯丁不能從後門出去嗎？」

你的整個身體好比是一棟房子，當你的心智在游移時，就像主人老是旅行在外，於是房子就這樣空著。

這種事是有可能的，它每天都發生在你身上，就像那斯魯丁完全忘記他自己，那就是所發生的事。他的邏輯沒有錯，但是……「你們是什麼意思？你們在前門等，難道他不能從後門出去嗎？」邏輯上是對的，但是他卻完全忘記是他自己在講這件事的。

你人不在當下，既不在這個世界裡，也不在自己裡面，這就是昏睡。這樣，你怎麼能聽得到？怎麼能看得到？怎麼能感覺得到？假如你不能「在」此時此地，那麼所有的門對你而言都是關閉的。你是一個死人，並沒有活著。那正是為何耶穌再三對他的聽眾說：「如果你有耳朵，請聽我；如果你有眼睛，請看我！」

赫拉克萊特斯一定是發現很多人聽而不聞、視而不見，因為他們完全心不在焉，主人根本不在家，眼睛是在看，耳朵是在聽，但裡面的主人並不在那裡。眼睛如同窗子，它們本身並不能看到任何東西，除非你透過它們看，否則窗子哪有看見的能力？你必須站到窗前才能看到東西，不然要怎麼看？

它就像窗子，而窗子並沒有感覺。當你是「在」那裡的時候，窗子會變得很不同。

你的整個身體好比是一棟房子，當你的心智在游移時，就像主人老是旅行在外，於是房子就這樣空著。

當生命來敲你的大門時——你可以叫它神，或隨你的喜好稱呼它，名字並不重要——它來敲你的門，它已經敲了好久的門，卻總是不見你來應門，這就是昏睡。

人不該在昏睡中行動或說話。

在舉手投足間、在開口說話時都帶著充分的覺察，如此一來你將會在自己身上發現驚人的轉變。覺察的本身會改變你的一言一行，這樣的你不可能犯下任何罪。

覺察不是指控制自己，不是的，控制是覺察的替代品，是很廉價的替代品，而且發揮不了什麼作用。假如你是有意識的，你用不著按耐住滿腔怒火，

意識正如同光，當你家中的燈亮著時，黑暗怎麼可能出現在那裡？在覺察當中，許多事情自然就不見了——一切負面的東西。

因為憤怒的情形不會在覺察裡發生。這兩者無法同時並存，在覺察當中，嫉妒永遠不會發生；在覺察當中，許多事情自然就不見了——一切負面的東西。

意識正如同光，當你家中的燈亮著時，黑暗怎麼可能出現在那裡？它會逃開。當你的家中燈火通明時，你怎麼可能走路絆倒？你怎麼會去撞到牆壁？到處都一片明亮，你知道門的位置，直接走向門的所在，看你是要出去或進來。當屋裡一片漆黑時，你會摔跤，你摸索、你跌倒，正如你無意識的時候，你摸索、摔跤、跌倒。憤怒不過是一種摔跤，嫉妒不過是在黑暗中摸索，一切錯之所以為錯的事，不是因為事情本身，而是因為你活在黑暗中。

假如耶穌想要生氣，祂可以生氣，可以使用它，但你無法使用它，你會反過來被它所使用。假如耶穌覺得什麼事是好的、有用的，祂可以利用任何事情，因為祂是主人，耶穌可以在沒有動怒的情況下動怒。

許多人曾和葛吉夫一起工作，他是一個可怕的人，當他生氣起來的時候，他真的會氣得不得了，那時他看上去就像是個殺人犯！可是那只是個遊戲，他只是用那個狀況來幫助一個人，他可以在下一個片刻，馬上又像換了個人似的對你微笑，然後當他又再去面對剛剛那個生氣的對象時，他又可以再度生氣，露出嚇人的樣子。

這是可能的，當你覺察的時候，你可以使用每一件事物，連毒藥都可以變成萬靈丹；然而當你昏睡時，連萬靈丹都會變成毒藥，一切全看你警覺與否。行動本身沒有意義，做什麼並不要緊，是你——你的覺察，你的有意識，你的留心才是重點，至於你做什麼並不是重點。

從前有一位偉大的佛教師父名叫龍樹(Nagarjuna)。有個小偷去找他，這個小偷極欣賞這位師父，因為他從沒見過那麼美、那麼優雅的人。

他問龍樹：「不知道我是否也有可能成長？但有件事我先對你說清楚：我是個小偷，再來，我無法離開這份工作，所以不要跟我講條件，不管你說什麼我都會去做，但我不能不當小偷。我已經試過許多次了，但總是無效，

行動本身沒有意義，做什麼並不要緊，是你——你的覺察，你的有意識，你的留心才是重點，至於你做什麼並不是重點。

所以我也不再想努力去擺脫這份工作。我已經接受這就是我的命運，我會一直當小偷，所以不必對我談這件事，讓我一開始就把話講明白。」

龍樹說：「你在怕什麼？是誰要談你做小偷的事？」

小偷說：「可是，每次我去找其他的高僧、神父或聖人時，他們總是對我說：『首先要停止竊盜的行為。』」

龍樹笑了：「那你去找的人一定是小偷，不然，他們有什麼理由要介意呢？我就不在乎！」

小偷聽了很高興說：「那就好了，看來我現在可以當門徒，我找到了合適的師父。」

龍樹收他為徒，並且告訴他：「你現在可以去做任何你喜歡做的事，唯一必須遵守的一個條件是：『保持警覺！』你闖入別人的房子偷東西，做你喜歡做的事，你做什麼不是我關心的重點，我不是一個小偷，但是當你做的時候，請帶著全部的意識去做。」

小偷並不知道他正掉進師父所設的陷阱裡，他說：「一切都沒問題，我會試試看。」

三個星期過去了，他回去找師父說：「這件事很弔詭，因為當我有意識的時候，我無法偷人家的東西。假如我偷的話，我的意識就不見了，現在我陷入兩難。」

龍樹說：「不必再提你是小偷這件事，我不在意那個，因為我不是小偷。現在請做一個決定，假如你想要有意識，你自己決定，假如不要，也由你自己決定。」

那個人說：「但是，對現在的我來說，要做決定很難。雖然說我已經有一點小小的體驗，而且那個體驗很美好……我會拋下一切，不管你說什麼都行。」他接下去說：「就在前幾天晚上，我終於得以闖進國王的皇宮，我敲開了金庫，大可輕易變成全世界最有錢的人，但你的話一直跟隨著我，我必須保持覺知。當我有意識的時候，就在那當下，我發現自己的動機和欲望沒有了；當我有意識的時候，鑽石看起來只像是平凡無奇的石頭，而當我失去意識時，我眼前所看到的又是金銀珠寶。

我等候著，像這樣經歷了許多回合，當我可以有覺知時，我就像是個佛，甚至我沒辦法去碰那些財物，因為整件事看上去是愚蠢可笑的，不過是石頭，我在做什麼？為了石頭失去自己？不過也有失去覺知的時候，那時石頭又變成美麗的鑽石，整個幻象又再回來。但是，最後我決定那些東西並不值得我失去意識。」

一旦你領悟了覺知，再沒有什麼事是有價值的，因為你已經知道了生命中最偉大的狂喜；那時候，忽然間許多事情自然就掉落了，那些事情看起來很愚蠢。於是你的動機沒有了，欲望沒有了，夢幻也沒有了。

人不該在昏睡中行動或說話——這是唯一的一把鑰匙。

醒覺的人所在的世界是共通的，

沉睡的人則各自活在單獨的世界。

夢是私人的事情，完全是個人的！沒有人能跨入你的夢境，你所愛的人無法與你一起分享，夫妻睡同一張床，卻是各自作不同的夢。夢是無法與人分享的，因為夢不是真的，沒有的東西你怎麼分享？好比泡沫，它根本不存在，你不可能分享它，你必須單獨作自己的夢。

因為有那麼多沉睡的人，所以有那麼多個世界存在。你有自己的世界，如果你沉睡著；你活在由自己的想法、觀念、夢想、欲求所構成的世界裡，當你遇到另一個人時，兩個世界發生撞擊，於是你們的世界產生衝突。真實的狀況就是這樣，要小心！

去看看先生和妻子之間的對話，他們一點也不是在交談。先生在想公司和薪水的事，妻子則想著她聖誕節要穿的衣服，他們裡面有自己的世界，而各自的世界會在某些地方交遇——例如衝突。因為妻子的衣服要靠先生的薪水來買，先生的薪水必須供給妻子去買衣服，當她喊一聲「親愛的」，這句話的後面掛著一套她所想要的新衣。

「親愛的」在這裡不代表字典上所寫的意義，那只是一句表面的甜言蜜語，所以每當一個女人說「親愛的」，先生聽到馬上就擔憂了起來，但是他

你活在由自己的想法、觀念、夢想、欲求所構成的世界裡，當你遇到另一個人時，兩個世界發生撞擊，於是你們的世界產生衝突。

不會表現出來，因為當有人叫你「親愛的」，你不能表現出面色凝重的樣子。

他會說：「怎麼了？親愛的，有什麼事？」可是他還是不免擔心自己的薪水，聖誕節就要到了，他的荷包恐怕不保。

慕拉．那斯魯丁的老婆對他說：「你是怎麼了？最近我哭的時候，就算我淚流滿面，你卻連問都不問一聲我在哭什麼？」

那斯魯丁說：「我已經學聰明了！因為問你的代價實在太高，以前我老是犯那個錯，後來才知道你的眼淚並不單單是眼淚而已——衣服、新房子、新家具、新車，有許多東西隱藏在你的眼淚裡，眼淚不過是為你的需要起個頭。」

在兩個各自的世界裡，對話是不可能的，只有衝突才有可能。

夢是個人的，真理不是個人的。真理不會是我的或你的，也不會是基督教或印度教的，更不會是印度人或希臘人的。真理不是個人的，夢才是。任何個人的東西，記住！那一定屬於夢的範疇，真理是一望無際的天空，是所有人都能觸及的，它是「一」。

那正是為什麼當老子說話的時候，他使用的語言或許和佛陀、赫拉克萊特斯的語言不一樣，但所傳遞的意思全都是一樣的，因為他們不是活在自己的世界裡，他們私人的世界已隨夢幻、渴望——也就是頭腦——一起消逝。頭腦是一個私人的世界，但意識沒有私人的世界，醒覺者有一個共通的世界……所有醒過來的人，有共同的世界，那就是存在。而所有還在沉睡、作夢中的人則有他們各自單獨的世界。

你必須拋掉你的世界，這是我唯一要你放棄的東西。我不會叫你離開你太太，我不會叫你離開你的工作、金錢或是你的任何東西，不，我只要你離開那些夢幻的世界，門徒對我而言就是這樣的人。

舊的門徒會選擇棄俗，他們拋家棄子出走到喜馬拉雅山裡去，但那卻不

> 真正要拋掉的是頭腦的世界，你自己的夢幻世界。假如你拋得下它，就算置身於市井之中，你也宛如到了喜馬拉雅山。

是重點，要離開的不是那個世界，你要如何離得開？連喜馬拉雅山也是屬於那個世界，真正要拋掉的是頭腦的世界，你自己的夢幻世界。假如你拋得下它，就算置身於市井之中，你也宛如到了喜馬拉雅山；假如你放不下它，就算是上了喜馬拉雅山，你也會在周圍創造出自己的世界。

你如何能逃得開自己？不管你到哪裡，你都會和你自己在一起。無論你所到之處為何，你的言行舉止都是老樣子，外圍的狀況或許會變，但你怎麼會變？你照樣會在喜馬拉雅山上昏睡，既然如此，請問在印度普那睡，跟在波士頓、倫敦或喜馬拉雅山上睡有什麼不同？你到任何地方都一樣在作夢。丟掉你的夢！要更警覺，夢會一下子消失，伴隨夢的不快樂也都會消失。

清醒時，所見皆死亡；
沉睡時，所見皆夢幻。

這兩句話真的很美，當你還在沉睡時，你所看到的世界是夢幻的世界，是你自己所創造出來的個人世界。而當你清醒時，你會看到什麼？赫拉克萊特斯說：「清醒時，所見皆死亡。」

說不定那就是你不想看的原因，說不定那就是你在身邊創造出夢境的原因，所以你不必去面對死亡的事實。然而**請記得一件事：只有在一個人面對死亡之後，他才會具有宗教品質。**

當你面對死亡，和它正面交遇，既不閃躲也不逃開；換言之，你不去創造出自己的夢，那個時候的你正和它面對面，你看著這個事實，你會忽然發現死亡就是生命。你愈深入死亡，等於你愈深入生命。赫拉克萊特斯說：「那相對的會相遇融合，它們是一體的。」

當你逃避死亡，別忘了你是在逃避生命，所以你才會看起來那麼無精打采。這正是弔詭之處：如逃避死亡，你形同槁木死灰；若面對死亡，你開始生意盎然。當你是那麼深切、那樣強烈地和死亡在一起，你會開始覺得自己正在死去，不僅是周圍的事情，連你內在也是。當你觸及到死亡時，會有一種危機感產生，那是耶穌的十字架，代表死亡的危機，在那個當下，你從水

當你面對死亡，和它正面交遇，你不去創造出自己的夢，只是看著這個事實，你會忽然發現死亡就是生命。

平、頭腦的世界裡死去，自另一個世界中重生。

耶穌的復活並非生理的現象，基督教對此製造出太多無謂的假設，因為那不是指肉身的復活，「復活」指的是進入這個肉身的另一個次元，變成另一個永遠不滅的身體。這個肉身是暫時的，那個身體是永恆的。耶穌在另一個世界、真理的世界中復活，祂個人單獨的世界不復存在。

在那個最後的片刻，耶穌說祂有擔心和困擾，連像耶穌這樣的人都不免在死亡時有所擔憂，一定是如此的。祂流著淚對神說：「您在對我做什麼？」祂想抓住水平的世界，抓住生命，連耶穌也不免會對生命有所眷戀。

所以，當你想到自己時不必覺得愧疚，你也會想攫取，這樣的人性顯現在耶穌身上，祂比佛陀、馬哈維亞還接近人性，這就是人性：這個人面臨死亡而感到害怕，祂會哭，但是祂不會退縮，不會墮落。祂立刻覺察到自己在問的是什麼，於是祂說：「您的意志將會被完成。」祂放鬆、臣服。馬上那個輪子就轉動了，祂離開水平的世界，進入了垂直世界的深處，在那裡祂從永恆當中重生。

讓時間死去，好讓你能在永恆當中復活；讓頭腦死去，好讓你能在意識裡活過來；讓思想死去，好讓你能在覺知中誕生。

赫拉克萊特斯說：「清醒時，所見皆死亡。」所以我們才需要靠作夢、鎮定劑、毒品、酒精來過活，這樣我們就不用面對死亡，但是事實終究要面對，假如你面對它，事實就會變成真理；假如你逃避，你就會活在謊言中。假如你面對事實，它將會變成進入真理的一扇大門，事實就是死亡，你遲早必須面對它。真理是生命，永恆的生命，豐盛的生命，永遠沒有盡頭的生命。

歸於中心

你必須先懂得「覺察」的意義。當你走在街上時，你會注意到許多事情：沿路的商家、經過身邊的路人、車輛，你注意到很多事情，除了一件事之外，

讓時間死去，好讓你能在永恆當中復活；讓頭腦死去，好讓你能在意識裡活過來；讓思想死去，好讓你能在覺知中誕生。

就是你自己。你正走在路上，你意識到許多事，唯獨沒有意識到你自己，這個對自己的覺察，也就是葛吉夫說的「記住自己」，他說：「不管你身在何處，要總是記得自己。」

無論你正在進行任何事情，你的內在不要停止做一個動作：覺察自己正在做這件事。你正在吃飯，去覺察到自己；你正在走路，去覺察到自己；你正在聽、在說話，去覺察到自己。當你生氣的時候，去覺察到你正在生氣，就在生氣開始的當下，去覺察到自己正在生氣。這個持續不斷的記住自己，會在你裡面創造出一股微妙的能量，你的人會開始變得清晰透徹。

通常，你不過是一只鬆垮垮的袋子！說不上真的札實，也沒有一個中心，就像是混了許多樣東西在一起的液體，沒有任何的中心。你是那些不斷在游移、善變的群眾之一，裡面沒有人在當家做主。覺察能讓你做主人，當我說做一個主人時，我不是要你成為控制者；當我說做一個主人時，我是說要「在」——持續不斷的在。不管你做什麼或不做什麼，你的意識中一定要不斷記住一件事：你「是」。

這個單純的感覺自己——我「是」的感覺會創造出一個中心，一個如如不動、寧靜的中心，一個自我主宰的內在中心，那是一種內在的力量。當我說「內在的力量」時，我是說真實的力量，那正是為什麼佛陀談到「意識之火」，那確實是一種火焰。當你開始覺察，開始去感受你裡面新的能量、新的火焰、新的生命，以及由於這個新生命而來的新力量、新活力，許多過去宰制你的事情會直接消融，你不需要和它們角力。

因為你的虛弱無力，你必須和你的憤怒，還有你的貪婪、你的性慾奮戰。憤怒、貪婪、性慾都不是問題，你的虛弱無力才是問題。當你的內在開始茁壯之時，你心中感覺到自己的在，你的能量會凝聚、結晶在一點上，於是會有一個自己（self）誕生，記住，是自己，不是自我（ego）。對自己錯誤的認知就變成自我，明明沒有自己，你卻一直相信你有，那其實是自我，自我是假的自己——你不是一個自己，儘管你以為你是。

去覺察自己。這個持續不斷的「記住自己」會在你裡面創造出一股微妙的能量，你的人會開始變得清晰透徹。

瑪琅普特拉(Maulungputra)是一位追尋真理的人，有一次他去找佛陀，佛陀問他：「你所找尋的是什麼？」

瑪琅普特拉說：「我在找尋我自己，請幫助我！」

佛陀要他答應不管祂建議什麼，他都要去實踐。瑪琅普特拉聽了之後開始啜泣起來，他說：「我怎麼能答應？我都還不在，我要如何答應？明天我會變成什麼樣子也不知道，我沒有一個『自己』可以答應你任何事情，所以請別要求一件不可能的事。我會去試試看，我能說的只有這麼多而已，但我不能承諾你我會做你所說的一切，因為，是誰會去做那些事情？我在找的是那個可以下承諾、可以履行承諾的人，可是我還沒有找到。」

佛陀說：「瑪琅普特拉，我之所以那麼要求你，為的正是要聽你講這番話，要是你真的答應我的話，我就會拒絕你。要是你說的是：『我答應你，我會去做你所說的每件事。』我就知道你還不是真的要找尋『自己』，因為一個真正的探索者一定知道他還沒有『自己』，不然為什麼還要去找尋？要是你已經準備好了，就沒有必要下這種承諾，因為你還沒有『自己』。當你可以感覺到這件事時，『自我』就不在了。」

「自我」並不具真實性，「自己」則是一個可以承諾的中心，這個中心藉由持續不斷的覺察所生。當你在做某件事時，例如你正坐著，或你正要去睡覺，你注意到自己逐漸有睡意，接著意識到現在你正進入睡眠之中。試著在每一個片刻裡保持意識，於是你裡面開始會有一個中心產生，事情開始透明起來，因為你有一個中心，現在所有的事情都跟這個中心相連。

我們並沒有自己的中心，雖然有時候我們會覺得歸於中心，那是因為外在狀況使然，你不得不提高警覺。如果突然發生危險狀況，你會發覺你裡面有一個中心，因為在險境中你的意識會出現。

例如某個人要殺你，在那時你不能思考，你不能沒有意識，你全部的能量匯集起來，整個人凝聚在當下，因為你不能回到過去，也不能跑去未來。那個片刻是你的全部，你不僅意識到要殺你的人，也意識到被殺的人——你自己，就在那細微的時刻裡，在你裡面感受到一個中心。

那正是為什麼危險的遊戲有其吸引人之處。去問問登上聖母峰的人，當希勒力(Hillary)第一次攀上那裡的時候，他一定感覺到有一個中心突然出現。當第一次某人登上月球時，在那瞬間他一定感覺到有一個中心發生，所以危險的活動才那麼吸引人。

又比方你正開著車，你不斷加速，直到速度已有可能造成危險，在那個片刻你無法思考，思維止息了，你也不能做白日夢或幻想，那個片刻變成是你唯一的片刻，就在命在旦夕的危險之際，你忽然意識到內在有一個中心。危險的活動之所以顯得吸引人，只因它有時令你覺得歸於中心。

尼采曾經說過，戰爭會一直持續下去，是因為有時候在戰爭的過程中可以感覺到自己，因為戰爭是危險的。當死亡已成為不可避免的事實，生命就會變得強烈；當死亡的腳步已近，生命就會變得強烈，因為你歸於中心。任何時候當你開始意識到自己時，就有一個中心正在形成，但如果那是因為情境使然，當情境不在時，那個中心也會隨之消失。

不能只是由外在的情境主導，必須是你發自內在才行。所以，在日常的每一個活動中嘗試去覺察。當你正坐在椅子上的時候，試試看，去覺察那個正坐著的人。不只要覺察椅子，不只要覺察那個空間、周圍的氣氛，也要覺察坐著的人。閉上雙眼感受一下自己，深入地去感覺你自己。

德國學者海瑞格(Eugen Herrigel)隨一位禪師習禪，在那裡他學了三年的箭術。師父總是告訴他：「很好，你表現得不錯，但是還不夠。」等到海瑞格本身成了箭術的大師級人物，他的準確率高達百分之百，但是師父依然對他說那一句：「你做得很好，但是還不夠。」

「我的命中率已經是百發百中了！」海瑞格說。「那您還要我怎麼樣？我如何能更進一步？我的精準度已達滿分，再高的期望怎麼可能？」

據說禪師這樣回答：「我所關心的不是你的箭術或是你的精準度，我關心的是你，你已經是個完美無缺的專家，可是當箭離開弓的那一刻，你並沒

當你開始意識到自己時，就有一個中心正在形成，那個中心不能只是由外在的情境主導，必須是你發自內在才行。

有覺知到自己，所以一切都枉費了！我不在乎箭是否射中紅心，我在乎的是你！當你弓上的箭發出去時，你的意識也要跟著發出去，就算你沒有射中箭靶也不要緊，但是你不能沒射中內在的箭靶，你一直都做不到這一點。你是零失誤的專家沒錯，但你是個模仿者。」不過，要對一個西方或現代人的頭腦——現代人的頭腦都是西化的——說明這樣一件事並不容易，那樣的頭腦聽不進這些事，射箭講求的是命中率。

海瑞格日漸感到挫折，有一天，他說：「我要走了，看來似乎是不可能的！這是不可能的！當你的目標對準某件事時，你的意識會放在標的上，要成為一名成功的神箭手，你必須忘記自己，只牢牢盯著目標不放，忘掉其他一切的事情，只剩目標在那裡。」可是禪師不斷敦促海瑞格要在裡面創造另一個目標，這支箭必須有兩頭：對準外面的目標，還有不斷指向內在的「自己」。

海瑞格說：「我現在要走了，這是不可能辦到的，您所指示的條件我無法辦到。」在離開的那一天，他去向師父辭行，剛好有另一個人正在接受師父的指導，他看到師父正舉箭瞄準目標。他坐在一旁等候，那是他第一次從旁見到師父的教學。他只坐在那裡，等師父一結束課程，他就要跟師父告別，然後動身離開。

不過在那時候，當師父正舉箭對著目標時，他開始注意到師父這個人，以及他的雙向意識。有三年的時間，海瑞格只跟師父一個人在學射箭，不過他比較專注在自己的精進上，未曾真正看這位教他的人、看見他在做的事。這是他第一次看著師父，頓時，他明白了師父所說的話，於是自然而然地走向師父，毫無勉強造作，從他手中接下弓箭，瞄準目標，射出弓箭。

師父看了之後說：「好極了！你終於辦到了，我很高興。」

他做了什麼？他第一次歸於自己的中心，目標在那裡，而他也「在」那裡。所以說，不管你手頭上正在進行什麼事，不需要去射箭，不管你做什麼，甚至只是坐著，讓你坐著時的意識是雙向的。記得外面發生的事，也要記得

做事情的時候保持留心，這是個漫長又艱辛的旅程，頭腦總是會不時的介入，但這不是辦不到的事，這是有可能的。

是誰在裡面。

臨濟禪師有一天正在做早晨的演講，有個人突然冒出來問他說：「我只想請您回答我一個問題：『我是誰？』」臨濟走下講台，向發問的人走去，大家都在想臨濟會做什麼，因為問題很簡單，他應該是坐在位子上回答就可以了。他走到那個人身邊，整個廳堂裡頓時一片鴉雀無聲，臨濟走到發問者的面前看著他的眼睛，那是個頗具震撼力的時刻，一切都停止了，問問題的人開始流汗，而臨濟不過是直視著他的眼睛。

過了一會兒，臨濟說：「不用問我，進入你自己的內在去找出是誰在問這個問題，眼睛閉起來，不要問別人：『我是誰？』走入自己的內在去發掘是誰在發問，裡面這個問問題的人是誰。把我忘掉，去找尋問題的來源，深入你的內在！」

據說，那個人靜了下來，然後闔上雙眼，在那瞬間他開悟了。他笑著睜開眼睛，接著去碰觸臨濟的腳，並且說：「您已經回答了我的問題，我問過所有人這個問題，他們給我許多答案，可是沒有一個是真正的解答，然而您給了我答案。」

「我是誰？」有誰能回答得了這個問題，可是在那樣一個特殊的情境下，一千個人同時保持沉靜，空氣裡連一根針掉下來的聲音都可以聽得到，臨濟用他那雙可以看穿一切的眼睛，從台上走下來，然後只是命令這個人：「閉上你的眼睛，走入內在，找出發問的人是誰。不要等我來回答，去發現是誰在問。」這個人閉上他的眼睛，在那個狀況下發生了什麼事？他來到自己的中心，忽然間他歸於自己的中心，在那一刻他意識到最核心的所在。

這就是你要去發現的，覺察是去發現內在最核心深處的方法。你愈無意識，你離自己愈遙遠；你愈有意識，就是朝自己愈靠近。在意識到達百分之百的時候，你活在自己的中心；當意識較微弱時，你活在靠近表層的附近，或是當你無意識時，你活在表層的地方，完全忘了自己的中心，所以說，你的意識有這兩種可能的移動方式。

你可以處在表層，意謂著你活在無意識裡，看電影、聽音樂，讓你忘卻自己，那時你是處在表層。即使是去讀吉塔經、聖經、可蘭經，這些事也可以讓你不記得自己，使你活在表層。

無論你做什麼，如果你能記住你自己，就是在接近自己的中心，有一天你會端處於中心，於是你開始有能量，那個能量即是火焰。整個生命、整個存在就是能量，就是火焰。火焰是以前的說法，現在他們稱那叫做電流，人類對它有無數個說法，但火焰是貼切的說法，電流聽起來似乎不夠活，火焰比較傳神。

做事情的時候保持留心，這是個漫長又艱辛的旅程，連要保持警覺一秒鐘都不容易，頭腦總是會不時的介入，但這不是辦不到的事，這是有可能的，對每個人來說都是可能辦到的。你只需付出努力，傾全心全意去做，毫無保留地去做，勇於探觸內在的每一個角落，為了覺察不惜犧牲一切，只有這樣，內在的火焰才會被你發掘，它就在那裡。

如果有人要在現存的宗教中，或是曾經存在過的宗教中去找到本質上的合一（**essential unity**），他唯一能找到的就是——覺察。

耶穌曾說過一個故事……有一棟大房子的主人外出，他告訴他的僕人們要保持警覺，因為他隨時會回來，於是他們一天二十四小時都必須很留意，任何時候主人都有可能回來……隨時都有可能！沒有明確的時間，沒有明確的日期。假如時間已經確定了，那你可以為所欲為，只要在主人回來的日子留心就行了。

可是主人已經說了：「我隨時會回來，不管我是白天或晚上回來，你們必須注意到時要出來迎接我。」

這是對生命的比喻，你不能一再拖延，主人隨時都會回來，你無時無刻都要警覺。不知道是哪一天，沒有人知道那個瞬間的發生何時會來臨，你唯

你的失敗將會有所幫助，它們會讓你知道，你是如何地沒有意識。當你開始意識到自己的無意識時，即使只是這樣，你就已經有些許覺察力了。

一能做的只有一件事：保持警覺，然後等待。

覺察是回到自己中心的方法，覺察是達到內在火焰的方法。它就隱藏在那裡，我們可以去發現它，當它被發現的時候，我們才有能力進入聖殿，在那之前是不可能的，永遠不可能。

然而我們用一些象徵性的東西在欺騙自己，象徵性的東西雖然可以為我們顯示出更深刻的實相，但我們也可以用它來欺騙自己。我們可以燃點香料，或是在祈禱時佐以外在的形式，於是我們自覺做了什麼而感到心安，還以為自己是多麼虔誠的信徒，卻是沒有絲毫的內在宗教品質。這就是現在可以見到的景象，這世界就是變成這個樣子，人們以為自己很有宗教品質，只因他們追隨外在的象徵事物，但內在沒有一絲火焰。

即使你失敗了，還是要繼續努力，在一開始時你一定是個失敗者。你將會一再失敗，但你的失敗會是你的助力，當你連要維持一小片刻的覺察都辦不到時，你將首次感覺到自己有多麼無意識。

走在街上，你連在幾步路之間都無法維持意識，你一次又一次忘記自己。你可能開始去讀路上的牌子，然後你忘記了自己。某個人經過你身旁時，你看了一眼，然後你又忘了自己。

你的失敗將會有所幫助，它們會讓你知道，你是如何地沒有意識。當你開始意識到自己的無意識時，即使只是這樣，你就已經有些許覺察力了；當一個瘋狂的人覺知到自己的瘋狂，他就已經踏在神智清醒的路上。

第二章 心病的單一處方

如果透過頭腦去看，你將永遠看不到當下。
你可以從覺察著手，覺察可以
帶你遠離頭腦及你對於頭腦的認同，
自然而然身體就會開始放鬆，
你不再被綑綁。

你曾經試著儘量不要生氣，有好幾次，你下定決心不要再發脾氣，可是沒用；你努力地不起貪婪之心，卻一再掉進貪婪的陷阱裡。儘管已試過各式各樣的方法來改造自己，任何轉變卻似乎不曾發生，你，還是原來的你。

在這裡，我已告訴你一把簡單的鑰匙——覺察。可是你並不相信，其他方法都沒有效了，光憑覺察能有什麼幫助？鑰匙一向是不起眼的小東西，沒人認為它有什麼大不了的，不過，一把小小的鑰匙卻能打開大枷鎖。

當年人們曾問佛陀：「要怎麼樣我們才不會生氣、不會貪婪？不會老是想著性或食物呢？」不論什麼問題，佛陀的回答永遠是：「要覺察，將覺察帶進你的生活。」

祂的弟子阿南達聽到形形色色的人問了不同的問題，然而這位生命的醫生給的處方箋都是一樣的，他不免困惑：「這是為什麼？他們的病狀不同，有人是貪婪，有人是性，有人是食物，有人是別的問題，可是您下的處方卻都相同？」

佛陀說：「他們的病不同，就像人們會作不同的夢一樣。」假如有兩千個人睡著的話，他們會作兩千個夢。要是你來問我如何擺脫夢，對治的藥都一樣是：醒過來！處方將會一樣，你可以稱它覺察，可以稱它觀照，可以稱它記得，也可以稱它靜心，這些都是同一種藥的不同稱謂。

分析家與觀照者

西方的做法是去思索問題，剖析肇因的所在，回到過去，從最源頭處探討事情的根源。無論是解除頭腦的制約，或是重整頭腦、重整身體，將留在腦中的一切銘印拿掉，這些都屬於西方的方式。精神分析學所鑽研的領域在記憶裡，進入你的童年、你從前的歷史，追溯到問題發生的起始；也許在五十年前，當你還是個孩子的時候，你和母親之間的關係出了問題，精神分析就會從那裡著手。

長達五十年之久的歷史！那是個很冗長的故事，不過，就算如此也沒有什麼用，因為問題有成千上萬處，不是解決一處就能從此一勞永逸。你可以進入一個問題的過去，你可研讀自己一生的傳記，去找到問題產生的原因。或許你可以解決一個問題，但是還有許許多多的問題在那裡。要是你開始去解決這輩子所有的問題，那將會花掉你好幾輩子的時間！

讓我再說一次：為了解決一世的問題，你必須經歷一再的出生，這可以說是不實際的，也是行不通的。當你花了幾萬世的時間解決你這一世的問題，在那幾萬世的時間裡，每一世又會產生各自的問題……就這樣沒完沒了，你會漸漸地被淹沒在問題堆裡，這豈不是很荒謬？

到了現在，精神分析學的方法已經朝身體方面發展，例如羅夫深度按摩(Rolfing)、生物能(bioenergetics)及其他的方法，為的是能解除留在身體肌理裡的銘印，同樣的，你必須回溯身體的過往歷史。這兩種方式的處理邏輯不僅一模一樣，還有另一個共通點：問題來自過去，所以都要從過去著手處理。

人的頭腦總是要做兩件不可能的事，其中一件是重新改造過去，但這是不可能的，因為過去已經發生了，你不可能真正回到從前；最多你是進到過去的記憶中，那也只是記憶，不是真的過去。過去已經不復存在了，你無法重新改造它，這是人類無法完成的目標之一，為此人類也已經吃了不少苦。你想恢復過去，要如何辦得到？過去是已經篤定的事，一切的可能性已經結束，是既成的事實，現在已經沒有任何餘地可以讓你重新改造它，你什麼事也不能做。

第二件一直主宰著人類頭腦的事情，就是建構未來，這也是不可能的事。未來還沒發生，你無法去建構它，未來有著無限的可能性。

未來是純粹的潛能，除非它發生了，不然你什麼也無法確定。介於過去和未來之間，人站在現在的位置，心裡卻總想著這兩樣不可能的事。對未來、對明天，人總想讓一切都很確定，然而未來是無法確定的。

讓這件事盡可能地深入你的心中：未來是無法確定的，別浪費你眼前的時間，只為了使將來的一切能確定，未來的特質就是不確定，也別浪費時間回頭看，逝者已逝，它已經死了，你不能再對它做什麼，頂多你可以再詮釋一次，最多就這樣。精神分析學所做的就是這個：重新詮釋。重新詮釋是辦得到的，但過去並不會有所改變。

精神分析學試圖再造過去，占星學則是想確定未來，這兩者都不是科學，卻有無數人在從事這兩件不可能的事。人就是喜歡那樣，他想要確定未來，所以他去找占星家，或去讀易經，或是找人幫他解讀塔羅牌，要愚弄、欺騙自己的方式有成千上萬種。還有人說他們可以改變過去，他也會去請教這種人。

要是能丟得掉過去和未來的話，你就不再受制於各式各樣的蠢事。你不會去看精神分析師，也不會去找占星家，因為你知道過去的已經結束，你和它已經完結；而未來還沒發生，當它發生的時候，你自然會看到，就現在來說，你不能拿未來怎麼樣，你只能破壞了眼前的這一刻，因為這是你唯一擁有的真實。

西方只看問題所在，研究該如何解決事情，西方將問題看得很嚴肅。當你依據某種邏輯設下前提，然後採取行動，這時候你的邏輯聽起來當然是無懈可擊的。

我讀過一則趣聞：

有一位大哲學家和一位世界知名的數學家同坐在一架飛機上。哲學家坐在他的位子上，思索一些偉大的數學問題，這時機上突然傳來機長的廣播：「各位貴賓很抱歉，我們降落的時間將會有些許的延誤，因為飛機的一號引擎剛剛壞掉，我們現在只用三具引擎在飛行。」

大約十分鐘之後，又傳來另一段廣播：「各位貴賓，飛機降落的時間恐怕會延誤更久一點，二號與三號引擎也都壞了，現在只剩一具引擎可以用。」

於是乎，這位大哲學家轉向坐在他身邊的傢伙，對他說：「這下可好！如果再壞掉一具引擎，我們整個晚上就得待在這半空中了！」

當你沿著某種思路思考時，這特定的思路將可能造成特定的結果——包括荒謬的結果。要是你將人類的問題看得很嚴肅，錯將人當成是問題在看待，你等於是在依循某種前提看人，那麼你的第一步就踏錯了。你可以在那個方向一直走下去，到目前為止，研究人類的心智現象與精神分析有為數不少的文獻，你可以找到成千上萬的論文和書籍。特別是，自佛洛伊德開啓了某種邏輯的大門之後，他從此主宰了整個世紀人類的思路。

東方的觀點就完全不是那麼回事。第一，東方認為沒有什麼問題是嚴肅的。當你這麼想的時候，百分之九十九的問題已經沒有了，因為你看待的眼光改變了問題本身。第二，東方認為問題之所以會產生，是因為你對它的認同。問題與過去無關、與歷史無關，你對它的認同才是真的重點，那即是解決一切問題的關鍵。

例如，你是個動不動就會發怒的人，當你去看精神分析師時，他會告訴你：「回到過去……什麼事情會惹惱了你？在什麼情況下，它逐漸變成你的制約，在你的頭腦裡烙了印？我們必須將所有那些銘印洗刷掉，將它們一一抹去，完全清理你的過去。」

當你去找的是東方的神祕家時，他會說：「你認為你是憤怒，你對憤怒起了認同，那就是事情出錯的地方。下回當憤怒又出現時，你只要當個觀照的人，只是去觀照，別認同它，不要說『我很憤怒』，只要看著它發生，就好像你在看電視一樣，把自己當成別人一樣在看待。」

你是純粹的意識，當憤怒的雲朵飄近你的身邊時，只要看著它，並且保持警覺，不讓自己認同它。整個重點就是如何不對問題產生認同，只要你學會了這件事……就不會有「問題一大堆」的情形，因為同一把鑰匙將可以打開全部的鎖：生氣的鎖、貪婪的鎖、性的鎖、一切頭腦能夠製造的鎖。

東方說只要保持不涉入，不要忘了，這即是葛吉夫所說的：記住自己；**記住你是一個觀照者，也就是佛陀說的：要留心。**當一朵雲經過你時要警覺，或許這朵雲來自過去，那沒有意義，過去是一定有的，它當然不會無緣無故

> 過去以及過去的制約確實存在，它們若不是在你的身體裡，就是在你的大腦裡，不會存在你的意識當中，因為意識是無法被制約的。

跑出來。這朵雲一定是來自某些事情的結果，但那不重要，為什麼要受打擾？現在，就在此時此刻，你大可超然以對，斬斷自己和它的牽扯，那座橋是現在就可以拆掉的，也唯有現在才能拆掉。

回到過去並不會有所幫助，從三十年前憤怒第一次出現起，你就向它認同，現在的你已經無法不去認同，可是，過去明明就不存在了！你可以在這個片刻裡不跟過去認同，然後，你以前那一連串的憤怒就不再是你的一部分；你不必回到過去將你的父母、社會、教會對你所做的事擦掉，那樣做根本就是在浪費眼前寶貴的時光。撇開它已經毀掉你許多年的光陰不說，現在又來毀掉你當下的時間。你可以直接脫離它，就像蛇在脫皮一般。

過去以及過去的制約確實存在，不過，它們若不是在你的身體裡，就是在你的大腦裡，不會存在你的意識當中，因為意識是無法被制約的。意識一直都是自由的，自由即是它最深處的本質，自由是它的天性。

你可以自己去看看，那麼多年的壓抑，那麼多年來你被施以某種形態的教育，當你在這個片刻去看著這件事，你的意識早已不再認同了，否則，是誰在覺察這件事？假如你真的成了被壓抑的人，那麼是誰在注意到這件事？如此一來覺察就不可能了。

當你還能說「那二十一年可以說是瘋狂的教育體制下」時，有件事是可以確定的：你還沒瘋狂到那個地步。那個體制失敗了，它對你沒造成效果，因為你並不瘋狂，所以你才能看出整個體制是瘋狂的。

一個瘋狂的人無法知道自己是瘋狂的，只有清醒的人才能看出來，要看出瘋狂之所以為瘋狂，需要清醒的意識。那二十一年瘋狂的教育系統失敗了，一切灌輸給你的制約失效了，除非你認同，否則它並沒有成功，任何時候你都可以跳脫出來……它是在那裡沒錯，我不是說它不在那裡，但是已不再是你意識當中的一部分了。

這正是意識之所以美的地方，意識可以跳脫任何事情，對它而言，沒有

一個瘋狂的人無法知道自己是瘋狂的，只有清醒的人才能看出來，要看出瘋狂之所以為瘋狂，需要清醒的意識。

什麼事情是阻礙，沒有任何地方有界限。就在前一刻，你還是個英國人——請了解一下國家主義的無謂——下一刻你就不再是個英國人，不是說你的膚色會改變，你還是白皮膚，只不過你不會認同它，你不再反對黑種人，因為你看出整件事的愚蠢。

你的意識已經跳脫出來，你的意識正站在山上往山谷的地方俯瞰。這時的英國人已經在山谷裡死去，而你站在山上，從遙遠的地方看著，心中沒有一絲沾染與罣礙。

整個東方的方法學可以濃縮成一個字替代：「觀照」(witnessing)，而整個西方的方法學可以濃縮成一個字：「分析」(analyzing)。分析只是在繞圈圈，觀照則是直接跳出圈圈。分析是一個惡性循環，當你真的進入分析，你會產生困惑：「怎麼可能會這樣？」

舉例來說，你嘗試進入過去，要進入到哪個地步才停止？假如你回到過去，你可以找出從何時你開始有性慾的嗎？當你十四歲的時候？那它是無緣無故冒出來的嗎？它一定是早就在身體裡準備好了，那是在何時？在你出生的時候嗎？但是，當你還在母親子宮裡的時候，是不是就已經存在了？那又是什麼時候？當你受精的那一刻嗎？

可是，在那之前，來自你母親卵子的那一半性徵已經成熟了，另一半來自父親精子的性徵正在成熟當中，就這樣一直分析下去……何時才有盡頭？最後你會找到亞當和夏娃那裡去！就算如此也還不能結束，你必須找到神，問清楚究竟為什麼祂要創造亞當……

分析永遠只能做到半調子的程度，無法真的達到助人的效果，這是不可能的，它會讓你更適應你的現實狀況，頂多如此。分析是一種適應性的做法，協助你對自己的問題有一些了解，比方問題的起源、以及如何發生的等等。理智上的了解會幫助你較能適應社會，但是你依舊一成不變，分析並無法達成蛻變與徹底的改變。

觀照是一項大變革，從根本上造成轉變。嶄新的人類將因此誕生，因為觀照能把你的意識從所有的制約當中抽離出來，你的身體與頭腦會帶有制約，但意識不會受制約。意識是純淨的，永遠的純淨；也是聖潔的，它的聖潔不容褻瀆。

東方的方法是使你注意到這聖潔的意識，注意到它的純淨與天真無邪。東方強調的是天空，西方強調的是雲；雲會有它的歷史足跡，假如你想找出它是怎麼來的，你要追溯到海洋，然後到陽光，到水的蒸發，然後形成雲朵……你可以一直探究下去，不過那只是在繞圈圈。

雲形成之後，飄到某個地方，愛上了樹，於是又將自己投身大地，變成了河流，接著開始蒸發，又上升到天空中，變成雲朵，然後又降落到地面……就是這麼一再循環不息，就像一只輪子，你要從哪裡找出口？每一樣東西之間環環相扣，任你怎樣還是在輪子裡打轉。

天空沒有歷史，天空不是被創造物，不經由任何東西而產生。事實上，任何事情要能存在，必須先要有天空，在其他的事情能存在之前，天空必須先存在。

你不妨去問基督教的神學家，他會告訴你：「神創造了世界。」問他在神創造世界以前是否有天空的存在，若沒有天空，神會在哪裡？祂一定需要空間的。如果沒有半點空間，神怎麼創造世界？祂要將這個世界擺在哪裡？空間是必須的，連神也需要空間。你不能說：「神創造了空間。」那是很荒謬的，因為祂沒有立足的空間，空間一定是在神之前就存在的。

天空一直都在那裡，東方的方式是去留意到天空的存在；西方的方式是使你更警覺到雲的存在，這對你會有點助益，但你不會因此意識到你最深處的核心。西方使你更能覺察到表面上的東西，而不是核心的事情，而表面的事情是大風暴。

你必須找出大風暴的中心點，唯有透過觀照你才能做得到。

觀照不會改變你的制約，觀照不會改變你身體的肌肉，不過，觀照將會讓你體會到你是超越身體、超越一切制約的。在你到達彼岸的時候，在那超越的時刻，一切問題都不存在——「對你」而言不存在。

現在一切都取決於你。身體仍會帶著制約，頭腦也仍會有制約，這時候就看你的了。有時候，假如你真的那麼想要問題，你可以進入身體頭腦(bodymind)裡，將問題擁抱，然後盡情享受一番。假如你不想要問題，你可以置身事外，問題還是會在身體頭腦裡留下銘印，但是你並不會涉入其中。

醒覺的佛即是如此。你使用記憶，佛也使用記憶，但是祂不會對記憶認同，祂把記憶當成機器在使用。例如，我在使用語言，我在使用頭腦和所有的記憶，但我並不是頭腦，那個覺知一直都在，所以我維持主人的姿態，頭腦是我的僕人。當頭腦被召喚時，會展現服務，但不至於喧賓奪主。

所以問題是在的，但只以種子的形態存在於身體和頭腦之中。你怎能改變得了過去？你以前是天主教徒，你怎麼改寫過去四十年的時間，讓自己那時候不是天主教徒？不可能的，那四十年的時間你還是天主教徒，但你可以抽身而出。現在你知道那不過是認同，你無法摧毀已逝的四十年光陰，也沒有必要去摧毀。如果你是自己的主人，就沒有需要去摧毀，甚至可以將那四十年做一番創造性的運用，連你所受的瘋狂教育都可以是創造力的表現。

一切的銘印只留在大腦裡、留在身體的肌肉當中……它們會在那裡，可是它們只是夾帶著可能性的種子。要是你寂寞得發荒，你想要一些問題，你可以擁有它們；要是你沒有痛苦會太難受的話，你可以擁抱它們，反正它們會一直在那裡。但其實不需要這麼做，這是沒有必要的，換言之，有沒有問題將取決於你的決定。

觀照是歸於中心的技巧。我們已經討論過歸於中心，說到人有兩種過生活的方式，不是活在表層就是活在核心。表層屬於自我，而核心屬於本質(**being**)，如果你活在自我當中，你永遠會和別人牽扯不清，因為表層和別人有關。

你的動作不是行動，你的動作永遠只是反動，也就是基於別人對你做出

一旦有一個核心，你就可以對所有事情保持著一定的距離，別人可以侵犯到表層，但無法侵犯到你，你保持超然、不涉入。

的事情，你所做出的反應。活在表層中不會有行動產生，一切都是反動，沒有什麼是從你的核心出來的。就某個角度來說，你是外境的奴隸，因為你什麼事都沒辦法做，只有不斷地被迫行事。

從核心出發卻是迥然不同的風貌：你的行動來自你的核心，於是你不再當附屬品，從此擁有你的自主性。

有一回，佛陀行經一個村莊，有些人對佛陀的教誨相當不以為然，他們對祂惡言相向，佛陀靜靜聽著，然後祂說：「假如你們已經說完了，請讓我繼續往前走，我必須到下一個村子，那裡的人們正在等候我。如果你們還有什麼想講的沒講完，我回來的時候會再經過這裡，到時候你們再把話說完。」

那些人說：「我們對你出言不遜，如此冒犯你，難道你不打算對此說些什麼？」

佛陀說：「現在我對這種事情不會再有反應。你所做的事是你自己的決定，現在的我不會再反應，你無法拿任何事情強迫我。你可以辱罵我，那是你的事，但我不是個奴隸，我已經是一個自由的人。我的行動來自於我的核心，而不是表層，你的辱罵只能搆及表層，到不了我的核心，我的核心保持不為所動。」

你會被觸動不是因為你的核心被觸動，而是因為你根本沒有核心。你只是活在表層、與表層認同，而表層鐵定會被任何事情所影響——任何發生的事情。你的界限就只到表層，所以無論發生什麼，你不能不受到影響，因為你沒有自己的核心。

一旦有一個核心，你就可以對所有事情保持著一定的距離，也就是從核心到表層有著一定的距離。別人可以侵犯到表層，但無法侵犯到你，你保持超然、不涉入，你和你的「自己」是有著距離的。換句話說，在「表層的你」和「核心的你」之間有一段距離，那個距離是任何人都無法打破的，因為沒有人能穿破核心，外在的世界唯一能觸及到你的只有在表層。

所以佛陀說：「現在的我歸於自己的中心，十年前或許不是這樣，如果你那時對我口出惡言，我可能早就反彈出去，可是現在我只是基於自己在行動。」

仔細去了解「反動」(reaction)與「行動」(action)之間的差別。你愛某個人是因為他愛你；佛陀也愛你，可是祂不是因為你愛祂，祂才愛你，你愛不愛祂並不造成相關，祂愛你是因為祂的愛是一種行動，而不是反動。當你的愛來自於你，不受他人的影響，這才叫行動，反動是一種被迫。歸於中心的意義在於，你從此基於自己產生行動。

還有另一個重點要記住：當你行動的時候，那個行為一定是全然的。當你反動的時候，你的行為不可能全然，一定是局部、片段的，因為你的出發點在表層。也就是說，當你反應的時候，由於你並沒有真的置身其中，你的行為不可能是全然的，在只有表層涉入的情況下，你的行為不會是全然的。

所以如果你的愛來自表層，那麼你不會是全心全意的，你的愛一定是片面的，這件事情意義很重大，因為如果你的愛只囿限於局部，其餘的空間將會由恨給填補；如果你的仁慈只是局部的話，剩下的空間將會由殘酷去填補；如果你的善是局部的話，那麼剩下的空間將會由什麼來取代？如果你的神是局部的話，你將會需要撒旦來填補剩餘的位子。

那意謂著局部的行為一定會自相矛盾。現代的心理學說愛恨是同時存在的現象，這兩樣都在你的頭腦裡，對同一個對象你既愛又恨。假如愛與恨兩者都在，那一定會產生迷惘，這份迷惘是有毒的，致使你的仁慈當中夾帶著殘忍，你的施捨中夾帶著偷竊，你的祈禱中夾帶著暴力。即使你試圖在表層做個聖人，你聖人的品質必定是帶罪的，凡是在表層的一切都會自相矛盾。

只有當你從核心行動時，你的行為才會全然，全然的行為本身會有獨到的美。當你在全然中行動，就是活在當下；當你在全然中行動，你將不會活在記憶裡，因為你並不需要！唯有半調子的行為才會一直處在進行式的狀

> 帶著過去你無法活著，因為每一個片刻是那般的鮮嫩、那樣的脆弱，這整個沉重的過去會將它給扼殺了。

能。你正在吃東西，如果你沒有專心在吃的話，當你吃完時，你的頭腦會繼續吃，因為這個動作還沒有完成。

只有全然的事情能夠有結尾和起始，半調子的事只是一個沒有開始也沒有結束的持續動作。你明明人待在家裡，可是你還在惦記店裡的事情；當你人在店裡時，你又在想家裡的事。你從來沒有、也永遠不可能完整地處在一個片刻當中，因為你攜帶的許多事情一直在打轉，這是沉重的包袱，對你的頭腦、對你內心的一項沉重負擔。

一個全然的行動會有始有終，像是顆原子彈，而不是連續不斷的過程，這一刻它會在那裡，然後下一刻就不在了，你完全自由自在地踏入未知，不受到綑綁。通常的狀況是，你一再走入老舊的模式當中，頭腦陷入固定的軌道裡，總是在繞同一個圈圈、經歷同一個惡性循環，因為你的過去從未了結，它會來到當下，也會去到未來。

真的，一個半調子、只活在表面的頭腦會帶著過去，而過去是個龐然大物！就算你不把前世算進去，它還是很龐大。五十年的經驗，不論是美是醜，所有的事情都沒有結束，於是你一直把已經不在的五十年經驗帶在身上。這個已逝的過去注定會落在當下，而毀了當下這一刻。

所以你無法真正的活著，這是不可能的，帶著過去你無法活著，因為每一個片刻是那般的鮮嫩、那樣的脆弱，這整個沉重的過去會將它給扼殺了。那是一種扼殺！你不斷摧毀了你的現在，一旦現在被摧毀，就會變成一種負擔。事情就是這個樣子：當它是鮮活的時候，它並不屬於你，而死了之後，被你已逝的過去給摧毀了之後——它就變成你的一部分。

當你從核心行動時，你每一個動作的全然，就像原子彈一般的具爆炸性；在行動結束後，一切就告落幕，你不再受到影響，於是你毫無負擔地繼續往前邁進。只有這樣你才能活在不間斷的嶄新片刻中，每一個片刻都會是新鮮的。唯有當你沒有攜帶過去時，當下對你而言才會是新鮮的。

假如過去沒有了結的話，你就得繼續帶著它，因為頭腦有完成事情的傾

向，如果有事情沒有完成，就會一直惦念著。要是白天有件事情沒有做完，你晚上就會夢到它，因為頭腦會想結束它，當它一結束，頭腦就少了一件負擔。除非事情完成，否則頭腦會一再地跑到這件事情上。

頭腦有完成事情的傾向，要是白天有件事情沒有做完，你晚上就會夢到它。除非事情完成，否則頭腦會一再地跑到這件事情上。

無論你在做什麼，你的愛、你的性、你的友情，你的每件事總是無疾而終。活在表層必定無法全然，要怎樣才能歸於自己的中心？要如何才能離開表層，來到核心？方法就是觀照。

觀照(witnessing)是最重要的一個字。達到歸於中心有上百種技巧，但在每一種技巧中，觀照一定是基礎。無論技巧為何，觀照都是很重要的，所以，說它是技巧中的技巧會比較恰當，因為它不只是一項技巧，觀照的過程是所有技巧中最重要的部分。

要將觀照當成純粹的技巧來談也可以，例如，克里希納穆提就是將觀照當成純粹的技巧在談論，可是那樣的談法就像沒有身體的靈魂一樣，讓你既看不到也感覺不到，當靈魂有一個具體形象在的時候，你可以透過身體感覺到靈魂。當然，身體不是靈魂，不過你可以經由身體感覺到靈魂。每一種技巧只是身體，而觀照是靈魂。你可以談獨立於任何身體或任何物質的觀照，但如此一來觀照變成只是抽象的概念。克里希納穆提已經談了半個世紀，但是他所談的東西太純粹、太不具體，聽的人以為自己了解了，但那只是概念上的了解。

在這世界上，沒有什麼能靠純粹的靈魂而存在，每一樣東西都是具體的。觀照是一切靈性技巧的靈魂，所有技巧都是身體，不同的身體。所以先要明白觀照是什麼，然後透過一些身體、一些技巧去體會觀照的意義。

我們知道思考這件事，你必須先以思考的方式去知道觀照的意思，因為認知一件事的前提是你要先知道它。思考指的是評斷，你看到了某件事，然後做出評斷；當你聽到一首歌，你可能喜歡，也可能不喜歡，一如你會讚賞某件事，或是批評某件事。思考是一種評斷，當你思考時，評斷就開始了。

思考是將過去帶進現在，於是你會錯過當下，因為任何評斷、任何主張都屬於過去；而觀照並沒有過去，只有當下。

思考是一種衡量的動作，沒有衡量你無法思考，假如你不曾衡量過一朵花，你怎麼會知道自己喜不喜歡？當你開始思考時，你自然會說那朵花好看或不好看。歸類是你必定會使用的方式，思考就是分類的舉動。當你開始為一件事做劃分時，你為它分門別類、命名，即已對它做了一番評量。

沒有評量，思考是不可能的；在沒有任何評量的時候，你可以純然保持覺察，而無法思考。

這裡有一朵花，我告訴你：「去看，不要思考。看著這朵花，但不要想它。」請問你能怎麼做？當你不能思考時該怎麼辦？你只能觀照，只能覺知，只能去意識這朵花。你可以面對花就在眼前的事實，你現在可以和這朵花相遇。假如不能思考，你就不能說：「它很好看」、「它不好看」或「我知道這是什麼花」或「真奇怪，我從沒看過這種花」，你什麼都不能說，不能使用任何話語，因為每個字當中都已帶有價值，都是一種評價，語言受限於評價而無法公平客觀，當你一使用文字，你已經做出評價。

所以你不能使用語言，不能使用文字。如果我說：「這是一朵花，看著它，但不要去想它。」這代表你不准使用語言，那你怎麼辦？你只能做一個觀照者。當你沒有思考，只是在那裡面對著某樣東西，那就是觀照。也就是說，觀照是一種被動式的覺察，記住，是被動的。思考是主動的，那是一種作為，對於你所看到的，你總不免要做點什麼，不能只是像面鏡子般被動。你總是要做些什麼才行，可是如此一來，你已經改變了事情本來的樣子。

舉例來說，我看到一朵花，於是我說：「這朵花好看！」這時我已經改變了這朵花，因為我加諸了某樣東西給它，在我的眼中，現在這朵花等於是「花」再加上我的「覺得它很好看」。這時這朵花已經遠離我了，介於我與花之間的是我的判斷、我對它的評價，對我來說這朵花已經不再相同，我和這朵花之間的品質已有變化。我的評價打破了事實，我介入了這朵花，現在它是虛幻的，而不再真實。

覺得花好看的不是花，而是我，我切進了事實當中，我沾污了事實，使它不再是純潔的，現在我的頭腦成了它的一部分。真的，當我說我的頭腦成了它的一部分，這說明了「我的過去」變成它的一部分，因為當我說「這朵花好看」這句話時，是出於我以前的知識在判斷。你怎麼能夠說這朵花好看？是你過去的經驗、你過去的概念讓你對這樣的東西覺得漂亮，你根據你的過去在評斷。

頭腦代表著你的過去、你的記憶。當過去介入當下的片刻時，你摧毀了一個純淨無瑕的真實，現在的真實已經被扭曲了。花的真實已經不存在，被你給摧折、破壞了，因為你的過去介入了現在。你的詮釋即是一種思考，思考指的是將過去帶到眼前的真實裡。

那就是為什麼思考絕對無法引領你朝向真理，因為真理是純淨無瑕的，你必須在它的純淨無暇中與它相會。一旦你的過去介入，你便破壞了真理，那時真理就變成是你的詮釋，而不是你對真相的了解。你已經擾亂了真理，使它不再純粹。

思考意謂著將你的過去帶到現在，而觀照並沒有過去，只有當下——沒有過去的介入。觀照是被動的，你沒有做任何事——你就是了！你只是在那裡，你只是「在」。花在，你也在，這當中會有一層觀照的關係。當花在，你的整個過去也在，而不是你在的時候，那時你與花的關係就是思考。

所以，從思考開始下手，思考是什麼？思考是將過去帶進現在，於是你會錯過當下，你已經徹底錯過當下了！當過去進駐當下時，你就錯過了。在你說「這朵花很美」時，這朵花就成了過去式；在你說「這朵花很美」時，那是個過去的經驗，你早就知道了，因為你已經評斷過了。

當花在那裡，你也在那裡，那時連說一聲「這朵花很美」都是不可能的，在當下的時候，你無法下任何評論，因為任何評斷、任何主張都屬於過去。在我說出「我愛你」時，這個感覺就已經成為過去了。同樣的，「這朵花很美」是我已經感覺過的了，一旦我做出了評斷，一切即已成為過去。

觀照永遠是在當下的，它絕不會是過去，而思考總是來自過去。思考是呆板的，觀照是活絡的，至於下一個區別……首先，思考是主動的，它是有所為；觀照是被動的，它是無所為，只是存在。思考一定是已逝的過去，而過去早已遠走、早已不存在了；觀照一定是當下，當下是什麼，就是什麼。

所以說，若你總是在思考，你永遠無法領略觀照的真義。停下思考是觀照的開始，思考的終止就是觀照。

該怎麼做？由於思考是我們長久以來的習慣，這個習慣使我們變成像機器人一般。不是你要想就想，到了現在這已不是由你來決定，那是個機械化的習慣，你別無選擇，不想也不行。當你一看到花，你的思緒就開始跑了，我們沒體驗過不用語言的滋味，只有小朋友有這樣的經驗，沒有語言的經驗才是真正的經驗，語言是對經驗的逃避。

當我說「這朵花很美」的時候，這花已經從我眼前消失了，我關心的是我的頭腦，而不是花。我所看的到是在我腦中花的影像，而不是花本身，此時的花已成了我腦海中的印象與想法。我可以將它與我過往的經驗比對、評估，可是花已經不在那裡了。

語言的使用代表你對經驗是關閉的，唯有安住在覺察中而不用語言，你才能維持敞開與細膩。觀照是一個對經驗的持續敞開，而不是封閉。

要怎麼做才好？這個所謂思考的機械性習慣，一定要去打破才行。所以，不管你在做什麼，試著不用語言。這確實是很難、很費力，而且在剛開始時，似乎是不可能辦到的事，但其實不然，雖然很不容易，不過並非不可能。當你正走在街上，走的時候不要用語言，只要走路，即使只有幾秒鐘的時間也好，你將會瞥見另一個不同的世界，那個世界裡沒有語言，那才是真實的世界，而不是人在自己頭腦中所創出來的世界。

你正在吃東西，吃的時候不要用語言。睦州(Bokuju)是位偉大的禪師，有人問睦州：「你的道是什麼樣的道？」

於是睦州說：「我的道十分簡單，當我餓的時候吃飯，當我睏的時候睡

如果你不使用語言，你的每一個動作都會是全然的；如果你用語言，你就會開始思考。

覺，就這樣。」

那個人聽了感到不解，他說：「這是什麼意思？我也吃飯、睡覺，大家也都在吃飯和睡覺，為什麼你會說那是你的道？」

睦州說：「當你在吃飯的時候，你同時在做許多事，不只是吃飯而已。當你睡覺的時候，你還做了許多除了睡覺以外的事。當我吃飯的時候，我只是吃飯，當我睡覺的時候，我只是睡覺，當中的每一個動作都是全然的。」

如果你不使用語言，你的每一個動作都會是全然的，所以，嘗試在吃東西的時候，腦中不要有任何雜音，沒有其他想法，只是吃著東西，那麼吃東西就成了一項靜心，因為當你沒有語言時，你就成為觀照。

如果你用語言，你就會開始思考。如果可以停止使用語言，不可避免地，在用不著做任何事情的情況下，你自然而然地成為觀照。所以，試著在做所有事情的時候不要用語言：走路、吃飯、洗澡或只是靜靜地坐著。坐著的時候只要成為「坐著」本身，不要想任何事情，那麼，連坐著都可以是靜心，連走路都可以成為靜心。

另外一個人請示睦州：「請教我靜心的技巧。」睦州說：「我可以教你技巧，但你沒辦法靜心，因為你會一邊帶著喋喋不休的頭腦，一邊練習技巧。」你的手指可能一邊數著念珠，心裡卻一邊在想其他的事情。如果你能在數念珠的時候沒有任何思緒，那就是靜心，那你就不需要任何技巧，整個生活就是一項技巧。

所以睦州說：「假如你能跟著我，觀察我，這樣會比較好。不要問方法，只要觀察我，你自然就會明白了。」

於是這個可憐的傢伙觀察了七天，愈看愈覺得一頭霧水。七天之後他說：「我剛來的時候還沒這麼困惑，現在我是真的不懂，我連續看了你七天，到底要看的是什麼？」

睦州說：「那表示你並沒有在觀察。當我走路的時候，你有看到嗎？我只是走路。在你早上為我端茶的時候，你有看到嗎？我只是端起茶杯在喝我的茶，我只是喝茶。沒有睦州這個人，只有喝本身這個動作，沒有睦州，只有喝茶這件事，你是否看到了？如果你有觀察的話，你早就可以感覺得出來並沒有睦州這個人存在。」

這是一個隱微的點，當人在思考的時候就會有自我，你就會是睦州或某個其他人。可是，假設只有行動發生，沒有言語，沒有思維，就不會有自我。所以睦州才會說：「你真的有在觀察嗎？在當時是沒有睦州這個人的，只有喝茶、在花園裡走動、在泥土上鑿一個洞的這些動作在進行。」

由於如此，佛陀曾說沒有靈魂這回事。你從不曾觀察入微過，還一直以為有靈魂的存在，其實不然。如果你是一個觀照者，「你」就不在了，因為有思想，才會有「我」。

所以還有一件事：累積的思緒與堆積如山的記憶，創造出自我的感覺，讓你覺得自己存在。

試試看做這個實驗：將你所有過去的一切與自己完全切斷，將記憶騰清，就當作你不知道你父母是誰，你不知道自己是哪裡人，信什麼宗教，隸屬哪一個種族。你不知道自己在何處受的教育，也不知道自己有沒有受過什麼教育，就是把整個過去給斬斷——而記住你是誰。

你將無法想起你是誰！你存在，這是顯而易見的，你存在，但你是誰？在這樣的片刻裡，你感覺不到一個「我」的存在。

自我只是堆疊的過往歷史，自我是你思想的濃縮與結晶。

所以睦州才會說：「如果你真的觀察過我，你將知道我並不存在。只有喝茶，但沒有喝茶的人；只有走在花園裡，但沒有走路的人；只有行動，但沒有做動作的人。」

在觀照中，並沒有「我」的意識，在思考的時候就有。所以，所謂的大思想家根著於他們的自我，那不單是個巧合而已。藝術家、思想家、哲學家、文豪這些人，如果他們的自我很強的話，那不只是湊巧而已，因為思維愈多的人，自我愈強。

人類能夠創造出一個社會，創造出一個世界，全拜語言所賜。可是也由於語言的關係，人類已經忘卻了自己。

在觀照中沒有自我，不過，這只有當你超越了語言之後才發生。語言是障礙，與他人溝通時，語言是需要的，但是與自己溝通時就派不上用場。它是好用的工具，而且可以說是最實用的工具，人類能夠創造出一個社會，創造出一個世界，全拜語言所賜。可是，也由於語言的關係，人類已經忘卻了自己。

語言構成了我們的世界，假如有一小片刻人類忘記語言，那還會剩下什麼？文化、社會、印度教、基督教、共產主義，有什麼會留下來？沒有。當語言從存在中被抽走，人類的整個文化、文明、科學、宗教、哲學都將消失。

語言是與他人的溝通，僅僅是一種溝通工具。語言好用可是也很危險，當某種工具很好用的時候，從另一個角度來看它也會很危險，危險之處在於：頭腦愈使用語言，就愈偏離核心，所以你需要些微的平衡與些許的操控能力，才能夠做到使用語言和捨棄語言的自如。

觀照代表著離開語言，離開文字，離開頭腦。

觀照代表著沒有頭腦，沒有思慮的境界。

所以去試試看！這是一段漫長的努力，而且一切都沒辦法預料，但就是去嘗試，你的努力會帶給你某些沒有語言的片刻，然後一個新的空間展現，你將開始意識到一個不同的世界。

必須讓語言消失，試著在你做日常的活動當中，例如當你勞動身體時，不要用語言。佛陀將這項技巧用在觀照自己的呼吸，祂會告訴弟子：「持續不斷地看著你的呼吸，什麼事都不用做，只要看著氣吸進來，氣呼出去，氣吸進來，氣呼出去。」而且不是說說而已，你要去感覺，當氣吸進來的時候，沒有言語，去感覺氣吸進來，跟隨呼吸的起落，讓你的意識與吸氣一同深入，與呼氣一起出去，不斷跟隨呼吸的起落，保持警覺！

據說佛陀曾說：「連一次呼吸都不要錯過，肉體如果少了一次呼吸，你就會失去性命，而意識中假如少掉一次呼吸，表示你偏離了核心，這時候你會失去內在的性命。」

觀照代表著離開語言，離開文字，離開頭腦。觀照代表著沒有頭腦，沒有思慮的境界。

所以佛陀說：「呼吸是肉體的生命最重要的事，而覺察是內在生命最重要的核心。」

呼吸，保持覺察。假如你嘗試去覺察自己的呼吸，你就無法思考，因為頭腦無法同時做兩件事——思考與觀照。思考本身就是與觀照完全相對的現象，所以你不能同時做這兩件事，就像你不能同時活著跟死掉，也不能同時睡覺跟醒著，你無法同時思考跟觀照。觀照任何事情的時候，思緒會停下來；思緒進來時，觀照就會不見。

觀照是一種被動的覺察，裡面不含任何動作，覺察本身不是作為。

有一天，慕拉·那斯魯丁顯得十分憂慮，誰都看得出來他正陷入一片愁雲慘霧之中，不知道獨自在那裡想什麼，有點失神。他老婆發現他有點異於平常，於是就問他：「你怎麼了？你在想什麼？是不是發生什麼事情，不然你怎麼一副憂心忡忡的樣子？」

那斯魯丁張開眼睛，然後說：「這是一個終極難題，我正在苦思人要怎麼樣知道自己已經死了這個問題。人要怎麼知道自己死了？如果我就快死了，我會認得出來我快死了嗎？可是，我都還不知道死亡的滋味，要認出來表示以前我就已經知道這件事了，不是嗎？」

「當我看見你時，之所以我會知道你是某甲或某乙，那是因為我已經認識你了，但我還不知道死亡為何物。」那斯魯丁繼續說道：「當死亡來臨之時，我如何認得出來？那就是問題所在，我實在很擔心，而且當我死的時候，又不能問別人我是否已經死了，所以那個方法也行不通。我想從書籍或老師那裡找答案，但也都沒有任何幫助。」

他老婆聽了之後忍不住笑了，她說：「你這是在杞人憂天，當死亡來臨時，你馬上就會知道，因為你的身體會變得很冷，就像冰塊一樣。」那斯魯丁聽到這番話之後覺得寬心不少——原來是會有徵狀的——他覺得自己手上握了一把鑰匙。

這件事過了兩、三個月之後，有一天他在林子裡砍柴。那是個冬天的早晨，天氣十分寒冷。忽然他想起來了，他覺得自己的雙手很冰冷，於是他自言自語地說：「好，我現在快死了，但是我離家這麼遠，沒辦法通知任何人，這下我該如何是好？又忘記問老婆，她只告訴我死亡來的時候會有什麼感覺，但沒告訴我死亡來的時候該做什麼，這裡現在又沒有其他人，只有一片冷清。」

然後他想起來，他見過許多人死掉的場面，唯一看到的景象就是死人都是躺著的，於是他就想：「平躺應該不錯。」所以他也躺下。可以想見，躺下之後他就覺得更冷了——看來死神正在降臨。

他的一頭驢子就在旁邊的樹下休息，有兩匹野狼以為那斯魯丁已經死了，就去攻擊他的驢子，那斯魯丁被驚動之後，他睜開眼睛在想：「死人不能做任何事，要是我活著的話，我就不會讓你這兩隻臭野狼動我的驢子一根汗毛。只可惜我現在什麼都不能做，從來沒聽過死人做過任何事，我只好看著這一切。」

當你對你的過去無動於衷，當你讓你的過去真的只是成為過去時，那時的你對它唯一能做的就是觀照。你還能怎樣？觀照的意思就是讓既往的一切死去——記憶、思緒、任何事情。正在當下的時候，你能做什麼？你只能觀照。批判是不可能的，因為，要憑以前的經驗才能有批判；評估是不可能的，要有以前的評估你才有評估的依據；思考是不可能的，只有當過去介入當下時，你才能思考，那你能怎麼辦？你只能觀照。

在古梵文的典籍裡，對老師的定義是——死亡（acharya mrityuh）。例如《卡達奧義書》(*katha Upanishad*)中的納奇柯達(Nachiketa)被送去「死神」亞瑪(Yama)那裡修習時，亞瑪要他收下許多誘人的財物，包括土地、金銀珠寶、駿馬、大象等等一長串的東西，納奇柯達說：「我來這裡是要了解死亡這件事的，除非我知道死亡是什麼，否則我無法知道生命是什麼。」

所以在古時候，老師被公認為可以讓學生領會死亡的人物，他幫助你死亡，好使你獲得重生。《新約》中的尼西底母(Nicodemus)問耶穌：「我要如何才能進入神的國度？」耶穌說：「除非你先死，否則你哪裡也去不了；除

生命是一個持續不斷的出生，也是持續不斷的死亡。無視於過往的一切是天堂還是地獄，你都讓它死去，如此你將能一直保持新鮮與年輕。

非你重生，否則你哪裡也到達不了。」

重生並非一個突發的事件，而是一個連續的過程。在每一個片刻當中，你都必須要再次出生，不是說你重生一次之後就結束了，生命是一個持續不斷的出生，也是持續不斷的死亡。你之所以會只死一回是因為你還沒活過；假如你是活著的話，隨著每個片刻你會不斷再死去。無視於過往的一切是天堂還是地獄，你都讓它死去，不管是什麼，就讓它死去。而你在當下再次出生，如此你將能一直保持新鮮與年輕。去觀照當下，而唯有當你不攜帶過去，你才能觀照當下。

緊張與放鬆

催眠師已經發現一條基本法則，頗值得我們來了解，他們叫做「反效果定律」，也就是說，當你竭盡所能去做一件事，卻沒有先了解事情的根基，那麼你將會適得其反。

這就好比你正在學騎腳踏車。一個安靜的早上，你在一條沒有什麼車輛的路上練習騎腳踏車，然後你看到路邊豎著一個紅色的里程碑。在一條六十呎寬的的馬路上，那只能算是一個小小的路碑，可是你心裡害怕自己會撞上它。說真的，就算是帶著眼罩，要撞上的機率都不高，你的眼睛雖然是張開的，卻看不到整條路，你的注意力全集中在那塊石頭上。雖然說，那塊紅色想讓人不注意都不行，不過你也太提心吊膽了——只因不想撞上它。你已經忘記自己正騎著腳踏車，你什麼都忘得一乾二淨，眼前對你來講，唯一的問題是要如何避開這顆石頭，不然你會撞上它或弄傷自己。

這時你就真的會撞上它——一定會的，於是你覺得很詫異，因為你那麼努力去避免撞到，但事實上就是因為你的努力，你才撞上它。愈靠近的時候，你就愈小心翼翼地避開它，你愈想避開它，你的注意力愈集中在它上面，它變成一股催眠的力量將你催眠，石頭於是變成磁鐵將你吸過去。

這是生命中的基本法則，人們嘗試避免的事情，正是他們會得到的事

你的緊張在哪裡？在你因各種想法、恐懼而起的認同裡：死亡、破產、貨幣貶值，這些是你緊張的所在，也同樣影響著你的身體。

情。試試看，努力地去避免某件事，你絕對會栽進同一個坑裡去。你無法用避免的方法躲掉事情，要避免並不是那樣的避免法。

放輕鬆，不要用力。透過放鬆，而不是用力，你才能有意識，要鎮定下來，保持沉靜、平和。

你的緊張在哪裡？在你因各種想法、恐懼而起的認同裡：死亡、破產、貨幣貶值，各式各樣的恐懼都有。這些是你緊張的所在，也同樣影響著你的身體，因為身體與頭腦不是分開的兩個實體，身體頭腦是單一的系統，所以當頭腦緊繃的時候，身體也跟著變僵硬。

你可以從覺察著手，覺察可以帶你遠離頭腦及你對於頭腦的認同，自然而然身體就會開始放鬆，你不再被綑綁。在意識的光明裡，壓力是不存在的。你也可以從另一端著手，只要放鬆，讓壓力落下……隨著你的放鬆，你會驚訝地發現你內在有些意識升起了。這兩者是分不開的，不過從覺察開始比較容易，從放鬆開始會有一點困難，因為對於放鬆的努力常會產生某些緊張。

在美國有一本書，假如你要發掘各式的蠢書，去美國找就對了——我看到書名的時候覺得很不可思議，書名是《你必須放鬆》(*You Must Relax*)。如果是「必須」的話，你怎麼放鬆得了？「必須」會令你緊張，這個字本身就會造成壓力，就好像神所下的誡令，或許寫這本書的人並不了解放鬆以及放鬆所牽涉的複雜性。

在東方，我們不從放鬆開始靜心，而是從覺察開始，然後放鬆會自然發生；你不必努力去放鬆，使用把放鬆帶出來的方法會製造出緊張。當放鬆自然發生時，那才是純粹的放鬆，會到來的……

如果你想要的話，你可以試試從放鬆開始，只要不是根據美國專家的建議就好，因為從內在世界的經驗來說，美國是世界上最幼稚的國家。歐洲的年紀稍長，但在探索內在自己的領域，東方已經活了上千年的時間了。

美國只有三百歲，從國家的年齡來講，三百歲不算什麼，所以對這個世界而言，美國是最危險的國家，想想小孩子的手上握有核子武器……蘇聯會比較理性一點，那塊土地是古老的，而且俄羅斯人擁有豐富的經驗與悠久的歷史。美國人沒有什麼歷史，每個人知道自己父親的名字，以及祖先們的名字，就這樣而已，他們的家庭樹狀圖就到那裡為止。

美國只是一個小嬰兒，甚至還說不上是小嬰兒，它還在子宮裡，與印度和中國這樣的社會相比，只能算是剛受精的胚胎，所以讓美國人持有核子武器是件危險的事情。

在這世上有政治、宗教、社會、經濟上的各種問題，你在其中身受其苦，所以要從放鬆開始是不容易的，不過如果你想這麼做的話，我可以給你一些概念，告訴你該如何開始。長期以來，一直都有西方人與我一同工作，我注意到他們不能相容於東方人的地方，他們不知道東方的意識流。基於不同的傳統背景，他們沒有覺察的概念。

我特別針對西方人設計了像「動態靜心」這樣的靜心技巧（請參考《靜

心觀照》(*Meditation: The First and Last Freedom*)一書)。當我在帶靜心營時,我使用「亂語靜心」以及「亢達里尼靜心」,假使你想從放鬆開始著手,那就先做這些靜心,壓力會從你的頭腦與身體釋放出來,於是放鬆就容易了。你不知道自己積壓了多少情緒,那就是壓力的來源。

當我在山上的靜心營中帶亂語靜心時……在城市中要讓他們做亂語靜心很難,因為鄰居們會抓狂,他們會打電話向警察局說:「我們的生活完全被擾亂了!」他們不知道,如果自己也在家裡一起做的話,他們的生活就能走出現在的荒謬,但是,他們甚至都沒有意識到自己的荒謬。

亂語靜心就是每個人都可以去大聲說出他心裡所想的事情,聽到人們說出那些不相干、荒謬的話令我感到無比的快樂,因為我是唯一在看的人。人們可以做任何事情,唯一的條件是你不可以去碰別人的身體,除此之外,你可以愛怎樣就怎樣……有人在做倒立,有人把衣服甩開、一絲不掛地到處跑來跑去——一整個小時都這樣。

每個人都在做一些他們所壓抑的事情,各種奇奇怪怪的事都有。當靜心

緊張有兩種，身體的緊張與頭腦的緊張，在你能放鬆下來之前，這兩種緊張都要先釋放出來，釋放將會帶你來到覺察。

結束時，有十分鐘的時間讓大家放鬆，你可以看到在那十分鐘裡，大家橫七豎八倒了一地，沒有做什麼努力，只是因為他們都累垮了，所有的垃圾都被丟出來，於是他們經歷了某種洗滌，放鬆下來。你以為有成千上萬人在那裡……想也想不到其實只有一千個人而已。

人們會跑來告訴我：「請延長那十分鐘，因為，在我們這輩子當中從沒有經驗到這樣的放鬆和喜悅，甚至也沒想過我們是否明白意識是什麼，不過我們覺得自己就經驗到了。」

所以，如果你想從放鬆開始，你必須先經歷宣洩的過程，例如動態靜心、亢達里尼靜心或亂語靜心。

或許你不知道，「亂語」(gibberish)這個字的出處，源自一個蘇菲的神祕家加巴爾(Jabbar)，那是他唯一帶領的靜心活動。不管誰去找他，他都說：「坐下之後就可以開始了。」人們都知道他在說什麼。他從不談論任何事情，從沒有做公開演講，只教導人們做亂語靜心。

例如，偶爾他會親身示範給人們看，他會胡言亂語個半小時，沒有人聽懂他是在講那一國話，他不用語言，他教人們只要說出任何出現在他頭腦的東西，那就是他唯一所教的，對那些已經知道的人，他直接說：「坐下之後就可以開始了。」

加巴爾協助了許多人變得完全寧靜，你以為做亂語可以做到幾時？頭腦會被掏空，慢慢、慢慢地，一個來自深處的「空無」……在那個「空無」裡面，會有一道意識的火光，它一直都在，只是被你的亂語給包圍住，亂語必須被拿開來，那是你的毒藥。

對身體來說也是同樣的道理，如果你的身體有緊張，就去做任何身體想做的動作，你不該主導操控，要是身體想跳舞、慢跑、快跑或是在地上滾來滾去，你不該去做它，而是去允許就好。告訴身體：「你是自由的，想做什麼就做什麼。」你將會驚訝的發現：「我的天啊！身體想做的這些事，我卻總是壓抑而沒去做，這就是緊張的所在。」

你沒有意識到自己正在使用你的意識，只不過你總是使用在對外頭的事情上面。內在的交通所要用的也是同一個意識。

緊張有兩種，身體的緊張與頭腦的緊張，在你能放鬆下來之前，這兩種緊張都要先釋放出來，釋放將會帶你來到覺察。

然而，從覺察開始會容易多了，特別是對那些能了解覺察過程的人來說，而覺察的過程也並不難懂，你整天都拿它運用在事情上面，例如車子或交通。你的覺察力甚至好到在大都市的車陣當中你都能全身而退！大家都知道城市裡的交通是超級瘋狂的。

幾天前，我讀到一則關於雅典的報導。雅典市政府特別為計程車司機精心籌劃了一個七天的競賽，他們為最遵守交通規則的駕駛人製作了優勝獎盃，可是在整個雅典市裡，居然找不到半個遵守交通規則的人！警察見到這種情形有點擔心，比賽的時間即將結束，在最後一天，他們再怎麼樣也要找出三位得獎的駕駛人不可，這三個人或許不是零缺點的駕駛人，但是這幾個獎盃一定要送出去。

好不容易他們找到一個一絲不苟遵守交通規則的人，他們很高興的帶著獎盃衝過去找他，可是那個人見到警察來了，居然闖紅燈跑掉！誰想惹上無謂的麻煩？警察喊著：「等一下！」但是他置之不理，馬上闖紅燈跑走。

他們又試過另外兩個人，然而，沒有人看到警察願意停下來。於是，經過了七天的努力，那三個獎盃還好端端的坐在警察總局裡，而雅典市還是跟以前一樣熱鬧……

你沒有意識到自己正在使用你的意識，只不過你總是使用在對外頭的事情上面。內在的交通所要用的也是同一個意識。

當你閉上雙眼，有一起內在的交通正川流不息，它是由念頭、情緒、夢境、想像所構成的，各式各樣的事情開始閃過，你對外在世界所做的事情，就一模一樣地運用於內在世界，你將會變成一個觀照者。一旦你知道成為觀照者的喜悅是如此之巨時，你會想要更加深入，每當你找到時間，你會想更加深入觀照之中。

無關乎採取什麼姿勢，也無關乎去不去廟裡，或上不上教堂。在公車站或火車站等車沒事做時，只要把你的眼睛閉上，除了能幫你省去東張西望的力氣，避免眼睛的疲勞，同時也給你足夠的時間觀照自己。

逐漸地，隨著意識的成長，你的整個人也開始改變，從沒有覺知到覺知，那是最大的量子躍。

頭腦與靜心

當頭腦裡沒有思維時，那就是靜心。在兩種狀態下頭腦會沒有思維：沉睡或是靜心。假如你有覺知，而思維消失，那是靜心；假如思維消失，而你沒有覺知，那就是沉睡。

沉睡與靜心有些類似之處，也有差異之處。兩者的相似之處就是沒有思維，不同的地方在於沉睡是沒有意識的，但在靜心當中仍然有意識。所以，沉睡加上意識就等於靜心。你很放鬆，因為你在沉睡中，但你是覺知的、完全清醒的，那將會引領你來到奧祕之門。

在沉睡時你進入無念裡，但你沒有覺知，你不曉得自己被帶往何處，儘管到了早上你可以感覺到那個影響。如果你真的睡了很深很沉的一覺，沒有夢的干擾，到早上你會覺得整個人清新有勁，充滿朝氣與活力。只是你不知道發生了什麼事，也不知道自己去了哪裡。你進入一種深度的昏迷狀態，彷彿被施打了麻醉劑之後，你被帶去其他的星球上，在那裡再度變清新、年輕、活力充沛。

在靜心之中，同樣的狀況也會發生，只是少了麻醉劑。

所以，靜心意謂著：在深度的睡眠中放鬆同時警覺。將覺察維持在那裡，讓思緒消失，但覺察必須保持著。這並不難，只是我們還沒去嘗試過罷了。就像游泳，假如你還沒下水試過，看起來就會很難，而且好像也很危險，你無法相信別人怎麼游得起來，因為你只會往下沉！可是，當你試著去游游看，就會覺得比較容易了，游泳是件自然的事。

最近有一名日本的科學家，他做過實驗證明六個月大的嬰兒能夠游泳，

靜心意謂著：在深度的睡眠中放鬆同時警覺。將覺察維持在那裡，讓思緒消失，但覺察必須保持著。這並不難，只是我們還沒去嘗試過罷了。

只要你給小孩機會下水去游。他已經教會許多六個月大的嬰兒游泳，這是個奇蹟！他說他將會試試年紀更小的孩子，游泳好似一門內建的藝術，我們只需給它機會，它就會自動開始運作。所以一旦你學會游泳後就不會忘記，或許已有四、五十年的時間你不曾下水過，但是你不會忘記怎麼游泳。游泳不是偶發的事件，而是你自然的能力，那就是為什麼你不會忘記。

靜心也像是這樣，它是內建的，你必須創造出空間讓它運作，只要給它一個機會。

頭腦是什麼？頭腦不是一件東西，而是一個事件。東西是一種實體，事件只是一個過程。一件東西就像是石頭，一個過程像是波浪，波浪存在，但它並不是固定的，只是介於風與海之間的一個現象、一個過程。

這是首先要了解的事，頭腦只是一個像波浪或河流的過程，並沒有實質的內容在裡面。如果頭腦有內容的話，你就無法消融它，如果它沒有內容，就可以不著痕跡地消失。

當一個波浪消失在海洋裡，它留下了什麼？什麼都沒有，連一絲蹤跡都沒有，所以，對於了解的人來說，頭腦就像一隻飛進天空中的鳥，身後不留一絲飛過的痕跡。這隻鳥在飛翔，但是沒有留下痕跡與足跡。

頭腦只是一個過程，事實上，頭腦並不存在，只有思緒存在。思緒的快速游移使你以為，在那個連續移動之間有著什麼。一個念頭來了，另一個念頭接踵而至，之後再換另一個……它們不斷地進行著，當中的間距是那麼的短，使你看不出來在兩個念頭中間有一個空檔，於是兩個念頭相連在一起，變成一個連續的現象，因此你還以為頭腦存在。

只有念頭，沒有「頭腦」(mind)，就好比只有電子，沒有「物質」(matter)這個東西一樣，念頭是頭腦的電子，就像一群人……從某個角度說，的確有一群人這麼一回事，但從另一個角度來看並非如此，唯有個人才存在，但是許多個人湊在一起時，會製造出一群人的感覺。一個國家既存在也不存在，只有一個個人在那裡，個人正如國家、社群、一群人的電子。

靜心是內建的，你只須創造出空間讓它運作，只要給它一個機會，觀察、觀照這樣的現象本身，就能使你變為主人。

思緒存在，但頭腦不存在，頭腦不過是一個表面現象，當你看進它的深處，它就不見了，那時只留下思緒。當「頭腦」不見，只剩下一個個念頭時，很多事情就會在瞬間獲得解決。你馬上就明白思緒就像是雲，它們來來去去，而你是天空。

當沒有頭腦的時候，你馬上知覺到你不再涉入思緒當中，思緒在那裡，就像雲飄流過天空，或像風吹拂過林間一樣地穿過你。思緒正在穿過你，因為你是一片廣大的空無，所以它們可以暢行無阻地自由穿過，沒有牆會阻擋它們，你是開闊無垠的，你的天空無限寬敞，足以讓思緒來來去去。當你開始感覺出思緒的來來去去，而你是觀照的人，那麼你已成為頭腦的主人了。

你無法用一般的方式駕馭頭腦，第一，它並不存在，你要怎麼駕馭它？第二，是誰要去駕馭頭腦？因為，並沒有人存在於頭腦之外——當我說「沒有人」的時候，我的意思是在頭腦之外的是「空無」——誰會去駕馭頭腦？

假如有某個人在控制，那也只是一個局部，也就是說一部分的頭腦在控制著另一部分的頭腦，自我的運作就是這樣。

以那種方式並無法控制頭腦，因為頭腦不是一個實體，而且也沒有一個人在那裡控制。內在的「空無」可以去看，但不能去控制，「看」的動作本身就能達成控制，觀察、觀照這樣的現象本身，就能使你變為主人，因為頭腦消失了。

就好像在夜裡，你因為怕有人跟蹤你而跑得很快，可是那不是什麼人，而是你自己的影子，你跑得愈快，影子就跟得愈緊。你跑多快都沒有差別，反正影子都會跟著你，每當你轉過頭去看，它總是在那裡。所以跑得快不是擺脫影子的方法，也不是控制它的方式，你必須深入地去看影子，當你停下腳步去好好將它端詳一番，它就消失了，因為影子實際上並不存在，而只是光不在的一個現象。

頭腦只是你不在的一個現象，當你靜靜地坐著，當你深入頭腦去看，頭腦就不見了。念頭還是在，它們是存在的，但你找不到頭腦的蹤影。

頭腦只是一個過程，事實上，頭腦並不存在，只有思緒存在。思緒的快速游移使你以為，在那個連續移動之間有著什麼。

當頭腦不在時，第二個洞察才有可能：你可以看出念頭不是你的。當然，它們會出現，有時會在你身上逗留一會兒，然後又走了，你可以是它們棲息的場所，但它們並不是從你身上產生的。

你是否曾經注意過，從來沒有一個念頭是發自於你的？沒有一個念頭是從你的本質中冒出來的，它們永遠是來自外在環境，並不屬於你。它們只是到處飄蕩，像是沒有家、沒有根一樣。有時候，它們在你身上停歇，像一朵雲停歇在一個山頭上，只是這樣而已，接下來它們又會自行離開，你什麼都不需要做，如果你只是看著，自然就達到支配的效果。

支配(control)不是個很好的字，這個文字是膚淺的，它屬於頭腦，屬於思想的範疇；文字無法具有百分之百的洞悉力。支配這個字不好的原因在於，並沒有人要去支配什麼，也沒有什麼是要被支配的，對你而言可以成為一個暫時性的幫助，使你了解一件會發生的事：當你深入地去看，頭腦就被你所支配——忽然間，你成了主人。念頭在那裡，但不再能主宰你，不再能對你怎麼樣，只能來了之後又離開，你維持不受影響，宛如一朵蓮花佇立在雨中，雨滴在花瓣上之後就滑落，甚至連沾濕都談不上，蓮花保持不為沾染。

那就是蓮花在東方占有重要地位的原因，它帶有很深的象徵意義。來自**東方最偉大的符號就是蓮花，它代表的正是意識。一朵蓮花所表達的含義在於：只要像一朵蓮花般就已足夠。保持不執著，如此一切才在你的掌握中；保持不受沾染，如此你才能成為主人。**

所以，從另一個觀點來看，頭腦就像波浪，那是一種干擾；當海面上風平浪靜時，你看不到波浪的起伏，當海洋受到潮汐或風的干擾發生巨浪時，整個海面上就只是一片混亂；從這個角度來看頭腦是存在的。不過這些只是比喻，為的是協助你了解內在的某個品質，因為那個品質無法以言語傳達。那些比喻是詩意的，若你能試著以共鳴的心情去了解，你會看得懂那些比喻，假如你想用邏輯的方式去了解的話，你將會錯過重點，因為它們只是比喻。

頭腦是意識的干擾，正如波浪是海洋的干擾，因為某種外力的進駐——風。由於某個外來的狀況發生——風或是念頭——以至於海洋或意識陷入一

只要像一朵蓮花般就已足夠。保持不執著，如此一切才在你的掌握中；保持不受沾染，如此你才能成為主人。

片混亂。但混亂總是在表面，波浪永遠發生在表面，海洋的深處不會有波浪，這是不可能的，因為風進不了海洋的深處。所以，一切都發生在表面，如果你往內走，你就居於主導的地位，如果你從表面的所在往核心走，就在轉瞬間，表面或許還是受到干擾，但是——「你」沒有受到干擾。

整個靜心的科學就在於歸於中心，朝向中心前進，在那裡扎根、常駐。從那裡你的整個觀點都會轉換，現在，波浪或許仍在那裡，但動搖不了你。這時你可以看出它們不屬於你，只是表面和某個外來的東西所產生的衝突。

當你從中心的所在看出去，漸漸地，衝突就止息，你逐漸能放鬆下來。於是，你慢慢對於狂風掀起波浪這樣的事，覺得理所當然，你不會憂慮，而當你不憂慮的時候，就連波浪都能是一種享受，它們並沒有什麼不對。

問題之所以產生，是因為你也同樣處在表面，你坐在一艘小船上，一陣狂風吹過掀起巨浪，整個海面變得波濤洶湧，你當然要擔憂，事實上你會嚇得半死！你命在旦夕，你的小船隨時都有可能被浪打翻，隨時都有可能一命嗚呼。

坐在小船上的你能做什麼？你能控制什麼？要是你與風浪對抗，你如何也贏不了，那是一場注定會輸的仗，你必須接受風浪。事實上，要是你接受風浪，讓你的小船——不管它再怎麼小——隨著風浪移動，這樣你反倒不會有危險。風浪在拍打著，而你只是允許它，讓自己變成它的一部分，這時候無比的快樂將從你心中源源不絕地湧現。

衝浪的藝術就在於隨著海浪一起移動，而不是與海浪相抗衡。衝浪可以是很棒的靜心，讓你瞥見內在的某些東西，因為那不是抗衡，而是放開來。一旦你領悟到了，甚至是海浪你也可以享受它……當你從核心來看整個現象，你就會明白了。

正如當你在森林裡旅行，當天空烏雲密布、雷電交加的時候，你又迷了路，一心只想要趕快回家，發生在表面的情況就是這樣：旅途中迷路、烏雲密布、閃電交加，很快就會下起傾盆大雨，你正在尋找回家的路，尋找家園

整個靜心的科學就在於歸於中心，朝向中心前進，在那裡扎根、常駐。當你從中心的所在看出去，漸漸地，衝突就止息，你逐漸能放鬆下來。

安全的庇護；然後好不容易你到家了，現在你可以坐在家裡面，坐下來等候雨的來臨，這時候你就可以抱著享受的心情了，這時就連閃電看起來也都是美的。當你人還迷路在外面時，閃電對你而言不會有什麼好看的，可是此刻，你坐在自己家裡，這整個景象變得十分壯麗。等到開始下起雨的時候，你可以享受，打雷閃電的時候，你也可以享受，因為現在的你身在安全的室內。

當你到達自己核心的時候，你開始享受表面上所發生的一切，所以重點不在於和表面對抗，而是深入核心當中，那才是真正的主宰，而不是強迫性的控制，那是當你歸於中心時，自然而然所產生的主宰。

歸於意識的中心就是對頭腦的主宰。

所以用不著去「控制頭腦」，語言會對人產生誤導，沒有人能控制得了頭腦，那些想試著這麼做的人會發瘋或者變得神經質，因為，控制頭腦不過是一部分的頭腦試圖去控制另一部分的頭腦。

你是誰？是誰要去控制？你是波浪，當然，是一個有宗教品質的波浪，你嘗試著要控制頭腦。你既是不具宗教品質的波浪——例如性、憤怒、嫉妒、占有、憎恨，無數這樣沒有宗教品質的波浪；也是具宗教品質的波浪——例如靜心、愛、慈悲。但是這些不僅都是發生在表面上的，也是屬於表面上的，不管有沒有宗教品質都沒有任何差別。

真正的宗教發生在核心，在透過核心所產生的新視野當中。坐在家裡，你看著自己表面上所發生的事，一切都顯得如此不同，因為你的觀點已經轉變，你儼然是自己的主人。

實際上，事情這般地在你的掌控之中，於是你可以任表面的事情去發展。這是很微妙的，你這麼地掌控著一切，這麼地根著於自己，所以你一點都不擔心表面上所發生的事情，只是享受著潮浪與暴風雨。它們不僅美極了，而且會為你帶來能量與力量，根本沒有什麼好擔心的。只有怯懦的人才會為念頭擔心，只有怯懦的人才會為頭腦擔心，強者直接將一切吸納進來，因為他們藉由這樣變得更豐盛，強者從不會拒絕任何事情。

只有怯懦的人才會為念頭擔心，抗拒是由於虛弱，堅強的人會接收生命所賦予的一切，因為他們藉由這樣變得更豐盛。

抗拒是由於虛弱，因為你害怕，堅強的人會接收生命所賦予的一切，無論是宗教的、非宗教的，道德、不道德的，神聖、邪惡的，那些都沒有差別，強者一律來者不拒，他的生命因而更加豐富。這樣的人有著截然不同的深度，那是一般貧乏、膚淺的宗教人士所沒有的。

看看一般去廟裡、上清真寺或教堂的人，你總會發現那裡的人非常膚淺、非常欠缺深度，因為他們否認了一部分的自己，從某方面說來，他們可以說是殘廢了。

頭腦沒有什麼不對，念頭也沒什麼不對，任何錯的事情都只是表面的，因為那時候的你不知道整體是什麼，只為了局部以及片面的感知而受無謂的苦。你需要的是完整的認知，唯有出於核心才有可能，因為在核心當中你可以從你本質的各個方位、各種方向，看著你整個本質外圍的地方，這才是廣闊的視野。

事實上，你的本質外圍即是存在的邊際，當你歸於中心的時候，漸漸地，你的本質將會愈來愈寬廣，愈來愈浩瀚，你的盡頭也正是整體的盡頭，你並不比整體來得小。

從另一個觀點來看，頭腦像是一位旅人衣服上所累積的塵埃，你已旅行了幾萬世，只不過從未洗過澡，身上自然堆積了很厚的灰塵，這並沒什麼不對，事情一定是這個樣子的。層層堆積的塵土被當成是你的人格，你對這些灰塵十分認同，共同生活了這麼久的時間，使得它們看上去就像是你的皮膚，因為你起了認同。

頭腦是過去的記憶與塵埃，這是每個人一定會累積的東西，如果你去旅行，身上必定會聚積灰塵，但你不需要對灰塵認同，不需要變成灰塵；當你變成它的時候，你將陷入麻煩當中，因為你並不是灰塵，你是意識。歐瑪卡揚(Omar Khayyam；著名波斯詩人、蘇菲神祕家)說：「回歸塵土。」當一個人死的時候會怎麼樣？就像塵土回歸到塵土中。如果說，你只是塵土，那麼一切終將回歸塵土，身後什麼也不留。但是，你真的只是那一層層的灰塵嗎？

或者，你裡面有什麼根本不是灰塵、根本不屬於人世間的？

那就是你的意識，你的覺知。覺知是你的本質，意識是你的本質，而包圍著覺知的灰塵正是你的頭腦。

處理灰塵的方式有兩種。普通「宗教上的」方式是去清洗衣服，以及用力地搓洗你的身體，不過那些方法並沒有用，無論你再怎樣洗，由於衣服實在太髒了，洗了也無濟於事，根本洗不乾淨，反而會愈洗愈髒。

發生過這樣的事：

酒鬼慕拉·那斯魯丁有一次來找我，我看到他的手在發抖，當他吃東西、喝茶的時候，都會弄髒他的衣服，所以他每一件衣服上面都有各式各樣的污點。我就告訴他：「你怎麼不去找找從事化學工作的人？說不定有什麼東西可以用，應該會有法子可以洗掉這些髒污。」

於是他去了，七天之後他回來，他的衣服比之前更髒。我問他：「怎麼回事？你沒去嗎？」他說：「我是去了，那種化學藥劑很有效，所有食物、茶渣的污垢都沒了，我現在需要的是另一種方法，來洗掉那個藥劑本身所留下的污點。」

宗教人士提供給你肥皂和去污劑的解決之道，告訴你如何將污點洗掉，但是這些解決的方法卻留下它們本身的污點，這就是為什麼不道德的人就算可以變成有道德的，他們骨子裡仍然是骯髒的，雖然有道德的外衣包裹著，但他們依舊不純淨，有時候甚至比以前更污穢。

一個不道德的人在許多方面反而是天真的，他沒有那麼強的自我，不像所謂道德的人，腦袋裡不僅裝著所有的不道德在裡面，還加上一樣：他那道德主義、清教徒式的睥睨姿態，自以為高人一等，彷彿他才是神所揀選的對象，其他人都該下地獄，只有他能上天堂，所有那些不道德的東西都在他的腦袋裡。從表面的地方無法控制得了頭腦，這是根本不可能的事，主宰的方式只有一種，就是從核心的地方來認知一切。

在扔掉所有的記憶，捨棄一切的語言之後，「我是誰？」這個問題就無法被回答了。你雖然無法回答你是誰，但你身上帶著答案。

頭腦累積了幾百萬趟來自旅途上的塵埃，真正的宗教觀點和一般的宗教觀點相反，真正的宗教觀點是直接脱掉衣服，不必費事去洗它們，反正洗也洗不乾淨，不如直接像蛇一樣脱去老舊的皮，連頭也不必回一下。

就某種意義上來說，頭腦是過往的記憶，是所有累積成的經驗。確實如此，你所做過、所想過、所渴望過、所夢想過的一切，你的記憶裡的整個過去，構成了你的頭腦，除非擺脱得了記憶，否則你無法成為頭腦的主人。

要如何擺脱記憶？它總是如影隨形地跟著你，其實，你就是記憶，要如何甩開它？若是除卻了記憶，請問你是誰？當我問：「你是誰？」你會講到你的家庭、你父親、你母親，那是記憶。我問你：「你是誰？」你告訴我你所受的教育、你拿到的學位，你是碩士或博士，或者你說你是個工程師或建築師，那些都算是記憶。

當我問你：「你是誰？」如果你真的往內看，你只能回答：「我不知道。」

因為不管你所回答的是什麼，那些都是記憶，而不是你。真正誠實的回答只有：「我不知道。」因為去知道自己是誰是最後一件事情。我可以回答你我是誰，但我不會這麼做；你雖然無法回答你是誰，但你身上帶著答案。那些知道的人會對此保持沉默，因為，在扔掉所有的記憶，捨棄一切的語言之後，「我是誰？」這個問題就無法被回答了。

我可以看進你的裡面去，或是對你做一個動作示意；我可以和你在一起，用我整個人和你在一起，那會是我的答案。但言語是無法回答的，因為不管我說的是什麼，那都會是記憶、頭腦的一部分，而不是出於意識。

要如何掙脫記憶的束縛？觀察它們、觀照它們，並且永遠記得：「這件事發生在我身上，但我並不是它。」你當然出生在某個家庭裡，但那並不是你，那是一件外在所發生的事。某個人為你取了個名字，名字有它的用處，但你並不是那個名字。你當然會有一個外在的形體，但你不是那個形體，形體只是你剛好所住的屋子，換句話說，形體只是你正好所在的身體，這個身體是由你的父母所賦予你的，它是個禮物，但你不是身體。

> 不斷去斬除那些不是你的身分：家庭、身體、頭腦，在清空一切之後，所有的「不是你」都被丟出去了，你的存在會立即顯露出來。

去觀察，仔細地區分清楚，這就是東方人所說的：「味味克」(vivek)，意思是「明辨」，你無時無刻不在明辨，不斷地去做這件事，直到一個片刻來臨，當你已經將所有「不是你」的東西完全剔除，就在那個當口，你將會首次面對你自己，和自己的存在相遇。只要不斷去斬除那些不是你的身分：家庭、身體、頭腦，在清空一切之後，所有的「不是你」都被丟出去了，你的存在會立即顯露出來，你頭一次和自己相遇，從此之後便由你來統轄一切。

念頭是無法被阻止的，不是它停不下來，而是你沒辦法要它停下來。它自己會停下來，你必須了解這中間的區別，不然你可能會發瘋似地追逐你的頭腦。

無念的發生並非由於你停止思考，當念頭不再紛飛，就是無念。要停止思考的努力本身，會創造出更大的焦慮與衝突，而導致你的分裂，你的內在將永遠不得安寧，這麼做一點意義都沒有。

就算讓你硬是停止思考一下子，那也不是什麼了不起的成就，因為那段時間幾乎是死寂的，你或許會有種靜止的感覺……但不是寧靜，因為強迫得來的靜止不叫寧靜，在無意識中，受壓抑的頭腦還是在底下繼續進行著。

所以說，要停止頭腦的思考是不可能的，不過頭腦會停下來，這是可以確定的事，它會自己停下來。

要怎麼做？這個問題和答案息息相關。去看著，不要試圖去阻止，不需要做出任何和頭腦唱反調的事，首先，是誰在唱反調？一定會變成頭腦跟自己打架，你把頭腦劃分為二：其中一邊要當老大，想除掉自己的另一邊。這是很荒謬的，這種愚蠢的遊戲會把你逼瘋。不要試圖阻止頭腦或念頭，只要看著它，讓它擁有完全的自由，愛跑多快就跑多快，你不做任何事去控制它，只要做一個觀照者就可以了。

頭腦是很美的，有著最傑出的構造，科學迄今尚無法做出任何東西能與頭腦媲美。頭腦是一件傑作，它是那般的精微與細密，還有著無窮的力量與潛力，你要懂得觀照它！享受它！

觀照的時候不要把頭腦當成仇人，因為帶著敵視的眼光無法觀照，當你已經有先入為主、不以為然的偏見，你等於已經決定頭腦是有問題的，這是你既定的結論。每當你將某個人視為仇敵時，代表你從未深看過這個人，你從未看進他的眼裡去，換言之，你避開了這個人。

觀照頭腦意謂著你帶著深深的愛與崇敬看待它，它是神賜予你的禮物，頭腦本身沒有任何不對，它是一個美麗的過程，一如其他的過程。飄移在天空中的雲彩是很美的，飄移在內在天空的思想又怎麼會不美？綻放在樹上的花朵是美的，綻放在你存在中的思維又怎麼會不美？往大海裡奔流的河水是美的，朝向未知的目的地奔流而去的念流又怎麼會不美？它不美嗎？懷著無比的敬意看著它，不要作鬥爭者，要當一個戀人。

觀察頭腦的細微變化，看它忽然的峰迴路轉，做一個漂亮的轉彎；或看它的跳來跳去，老是玩著同樣的把戲；看它所編織出來的夢幻，以及它創造出來的一千零一種投射，就是去看著！帶著距離的眼光，你超然而立毫無受到影響，漸漸地你將會開始有所感覺……你看得愈深入，你的覺知就愈深入，於是中間的空隙就出現了。在一個念頭走掉之後，另一個念頭還沒來臨前，那中間有一個空檔；一朵雲飄走之後，在另一朵雲飄來之前，中間存在著一個空檔。

那些空檔之中，你將會首度瞥見無念的滋味，親身經歷無念的境界，稱它為禪、道或是瑜伽的體驗都可以。在那些小小的空檔裡，你感覺到天空格外清朗，陽光遍灑在各個角落，這個世界轉眼間蒙上一股玄祕的氛圍。所有的阻礙都崩落了，你眼中的那個螢幕已經不在了，一切在你眼底都是澄明、清澈的，整個存在在你眼中變成是透明的。

剛開始，這些將只是少有的片刻，幾乎可說是寥寥無幾，但是，它們會使你瞥見到三摩地，那是一小池寧靜的水，來了又消失，可是從此之後你會知道自己已走在正確的道路上，你又再次開始觀照。每當一個念頭經過，你看著念頭，當空檔經過，你看著空檔；雲彩是美麗的，陽光也是美麗的，你觀照頭腦意謂著你帶著深深的愛與崇敬看待它，飄移在天空中的雲彩是很美的，飄移在內在天空的思想又怎麼會不美？

不再抉擇什麼，現在的你頭腦不再食古不化，你不會說：「我只要空檔。」那是愚蠢的，一旦你執著於空檔，你等於在反對念頭，於是那些空檔會消失，它們只在你超然中立時才出現。無念會發生，但你不能要求它發生；它會發生，但你無法強迫它發生，那是自然而然發生的。

不斷地觀照，讓念頭來了又走——不管它們要往哪裡去。沒有什麼是不對的，別嘗試去操控，也別去主導，讓念頭自由自在地來去，會有更大的空檔出現，你將會被賜予小小的三托歷(satori)，有時數分鐘過去了，沒有念頭發生，那將是內外俱寂的時刻，你心中沒有泛起一絲漣漪。

當比較大的空檔出現時，你會有一種新的清晰視野，不只能看清這世界，也能看清內在的世界。在第一個大空檔發生時，你先看到的是外在世界，樹木比之前還更翠綠，一股來自永恆的音樂圍繞著你，使你猶如置身在神性當中。你被一種無以名狀的、奧祕的感覺所觸及，縱使你無法抓住它；它就在你所及的範圍中，雖然它是屬於彼岸的。

當空檔更大的時候，內在也會發生同樣的事，神不只有在外面，你會驚然發現，祂也在裡面；祂不但在可見的萬事萬物中，它同時也在看的人裡面，祂無所不在。漸漸地……

但是，也別對這樣的經驗產生執著，執著是讓頭腦繼續當家做主的食物，不執著的觀照才是讓它停下來的方法，你不用費任何力氣去阻止它。當你開始享受這些狂喜的時刻，你回到這些片刻的能力會增加，你將能夠在空檔中待得更久。

最後，終於有一天你變成了主人，到那時候，你要思考就思考，需要的話，你就使用頭腦，不用的話，你就讓它休息。不是說頭腦就沒有了，它仍然會在那裡，但你可以使用它，也可以不用它，現在這是你可以選擇的，就像你的雙腿，你想跑的話就跑，想休息就休息，你的腿就在那裡供你使喚，頭腦也是同樣的道理。

當我對你說話的時候，我正在用我的頭腦，因為除此之外，沒有其他說

不斷地觀照，別嘗試去操控，也別去主導，讓念頭自由自在地來去，無念會發生，但你不能要求它發生。

話的方式；當我在回答你的問題時，我正在使用我的頭腦，因為除此之外，沒有其他說話的方式，我必須回應，我的話語必須有連貫性。頭腦是一部美麗的機器，當我獨自一個人，沒有對人說話的時候，頭腦就不在了，因為它是一個串聯你我的媒介，當我獨自一個人坐著時，頭腦並不需要工作。

你從沒讓頭腦休息過，以致於它被操到非常平庸；你從未間斷地讓它工作，縱然疲乏也沒有關機，它白天工作，晚上也工作——白天你思考，晚上你作夢——它不分晝夜不眠不休地工作。假如你活得到七十或八十歲，你的頭腦就會連續工作七、八十年。

你看頭腦是多麼精細與持久，結構是那麼的精密，在小小的腦袋裡，可以裝得下這世上所有圖書館裡的東西，一切寫得下來的都可以裝進一顆腦袋當中。頭腦有著相當大的能耐，想想看，就在那樣狹小的空間裡！而且工作的時候還不會製造噪音。

假使有一天，科學家有能力創造出一台能與頭腦並駕齊驅的電腦……但那樣的電腦還不是頭腦，它們仍然是機器，因為它們欠缺有機的統整性，也還沒有指揮中心。假使有那麼一天——有一天科學家可能創造出頭腦——那時你就會知道那樣的電腦會占多大的體積，還有會發出多大的噪音！

頭腦幾乎不會發出任何聲響，總是靜悄悄地工作，而且是多麼了不起的僕人！可以為你工作七、八十年，到了那時候還是一樣任勞任怨；等你快死的時候，你的身體或許老了，但頭腦還是年輕的，工作能力還是一樣好。有時候，假設你使用得當的話，甚至還會隨著你的年紀增長而更加靈光，因為你知道的愈多，你懂的事情會愈多；你的生命經驗愈多，你頭腦的能力就愈強。到了你臨死的時候，你身體的每一個部位都已經磨損得差不多了——除了你的頭腦之外。

所以東方人說，頭腦會離開身體，進入另一個子宮，因為它還不想死，再次出生的部分是頭腦。當你到達無念的境界，就不會再出生了，那時你就直接死去，你所有的一切會隨著死亡消融：你的身體、你的頭腦。只有你正

> 我們的身體是分開的，頭腦是重疊的，靈魂是一體的。我們在存在的核心深處相遇合一，那就是「神」：一切的交會點。

在觀照的靈魂留下來，那是超越時間與空間的，你與存在變成一體，再也不與它分開，你和存在的分開是因為頭腦的緣故。

強迫性的方法是行不通的，對頭腦不要採取硬碰硬的方式，要懷著愛心，以深深的敬意對待它，它就會自行開始發生變化，你只要看著，不必心急。現代人的頭腦太急躁，要以速成的方法停止頭腦，所以就有這類藥物出現。你可以藉由化學藥物強行使頭腦停下來，但這是以暴力在對待一部機器，這種破壞性的做法不恰當，你不會因為這樣而成為頭腦的主人。或許你能用藥物叫頭腦停下來，但這時藥物就變成主人，而不是你。你只是換了對象當老大，而且還愈換愈糟，現在輪到藥物對你有支配的力量，沒有它令你寸步難行。

靜心不是反對頭腦而做的一種努力，而是基於對頭腦的洞悉，以愛的方式來觀照頭腦，當然你還得要有耐心。你腦袋裡所裝的頭腦已經出現了幾百萬年，小小的它記錄了人類的所有經驗，不只有人類的經驗，還有動物、飛禽、植物、岩石的經驗，這些過程你都經歷過了。到目前為止所有發生過的事，都曾經發生在你身上。

在一個小小的腦袋瓜裡，裝載了存在的全部經驗，這就是頭腦的真相。事實上，說頭腦是你的並不正確，它是集體的，因為它屬於我們每一個人。在近代的心理學中，特別是容格派的分析一直在研究頭腦，他們開始發覺頭腦像是一個集體的無意識。你的頭腦並不屬於你，而是我們大家的，我們身體上的分際很清楚，但頭腦卻不是如此；我們的身體明顯地各自獨立，但頭腦卻是交疊在一塊——而我們的靈魂是則一體的。

我們的身體是分開的，頭腦是重疊的，靈魂是一體的。我的靈魂和你的靈魂並沒有什麼不同，我們在存在的核心深處相遇合一，那就是「神」：一切的交會點。介於神和「這個世界」(指的是身體)之間——就是頭腦。

頭腦是橋樑，一座連接身體與靈魂的橋樑，它介於世界與神的中間，別讓它受傷害！

曾有許多人試圖以瑜伽的方式損害頭腦，那是對瑜伽的誤用。身體的姿勢、乃至於呼吸都會造成細微的化學改變，例如，如果你做倒立的動作，你可以輕而易舉地阻擾頭腦的運作，因為血液像山洪爆發一樣一下子衝進腦袋中……當你倒立的時候，你就是在傷害頭腦。頭腦的結構是很精細的，大量的血液一下子進到腦部會造成脆弱的組織死亡。所以你不曾見過有哪一個瑜伽行者可以稱得上睿智，他們的身體是強壯、健康沒錯，但他們的頭腦是呆滯的，你不會在他們身上看到智慧的光芒，你看到的是像動物般健壯的身體，但是身體裡面的人不在了。

倒立是利用地心引力，強行將血液灌進腦中，頭腦需要血液，但是需要的量不多，而且速度也不能太快，不能一下子全部衝進去。平常由於反地心引力的關係，血液是一點一點傳送到腦中的，如果太多血液一次衝入腦中會造成破壞。

瑜伽裡的呼吸法常常被用來停止頭腦的運作。不同的呼吸韻律、呼吸的微小震動，都會對頭腦造成激烈的影響，可能致使頭腦受到損傷，而這些還是老把戲，現在的最新把戲是科學所提供的：迷幻藥、大麻等等，其他更精製的藥物遲早會上市。

我不贊成阻止頭腦，我所支持的是觀照它，由它自己停下來，這樣一來，頭腦才是美的。當某件事的發生不必透過暴力時，它本身就會有一種美，因為那是一個自然的成長。你可以用蠻力迫使一朵花苞開花，可以硬將花瓣拉開，但是這樣就摧殘了花朵的美，這只能算是一朵幾乎枯萎的花，因為它無法承受你的暴力，只好有氣無力地垂在那裡。當花苞以自己的能量綻放，自行開花的時候，花瓣才會是有活力的。

頭腦是你的一朵花，別用任何方式強迫它開花。我不贊成所有的強迫和暴力，特別是對你自己的暴力。

只要觀照，當你進入祈禱、愛、崇敬的深處時，觀照，然後看會發生什麼。奇蹟會自行發生，不需要你來強行干預。

就算是「所謂」不道德的想法經過你的頭腦，就讓它們過去，沒有任何問題。如果你不抓著念頭不放的話，就不會有任何傷害。

要如何停止思考？我說只要觀照、維持警覺，再把要它停止的想法丟掉，不然你會阻撓了頭腦自然的蛻變。放下要它停止的想法！你以為自己是誰，能阻止得了它？

頂多，你可以享受頭腦，沒有什麼想法是錯的，就算是不道德的想法，「所謂」不道德的想法經過你的頭腦，就讓它們過去，沒有任何問題。如果你不抓著念頭不放的話，就不會有任何傷害。它不是真實的，你不過是在看一場內在的電影，就順著它的樣子，將逐漸引領你來到無念的境界，你的觀照最終會達到一個極致——無念。

無念不是反對頭腦，而是超越頭腦。無念的發生不是因為對頭腦的破壞與扼殺，當你對頭腦的洞悉達到全然，那時候就不再需要思考——你的洞悉已經取代了思考。

慣性的輪轉

人看上去是活在現在，但那不過是表象，人活在過去，他只是「經過」現在，他的根其實還停留在過去。對平常人的意識來說，現在不是真正的時間；對平常人的意識來說，過去才是真正的時間，現在只是讓他從過去到未來的一個暫時性的出入口，過去才是真實的，未來也才是真實的，對平常人的意識來說，現在不是真實的。

未來只是過去的延伸，未來只是過去的重複投射，「當下」好似已不存在了，要是你去想想「當下」在哪裡，你根本找不到它的蹤影——在你找到的那一刻，它已經溜走了，而之前當你還沒找到它的時候，它在未來裡。

對一個成道者而言，對一個意識已到成佛境界的人來說，只有「當下」是存在的。對一般的意識來說，對那些沒有覺知、像在夢遊一般的人們來說，過去和未來是真實的，當下不是真實的。唯有當一個人醒覺時，當下才會變

頭腦只是累積的過去，如果你透過頭腦去看，你將永遠不會看到當下。頭腦正如一面沾滿塵埃的鏡子，灰塵積得愈多，鏡子就愈無法顯像。

成真實的，到那時，換成過去和未來兩者變成不真實的。

為什麼會這樣？為什麼你會活在過去之中？因為頭腦只是累積的過去，頭腦是記憶：你所做過的一切、你夢想過的一切、你想做卻沒做的一切、你想像過的一切，那些就是你頭腦的全部。頭腦是死的東西，如果你透過頭腦去看，你將永遠不會看到當下，因為當下即是生命，經由死的媒介是不可能接近生命的，頭腦是死的。

頭腦正如一面沾滿塵埃的鏡子，灰塵積得愈多，鏡子就愈無法顯像。如果灰塵很厚——就像你那面鏡子上的灰塵——鏡子就失去了反射的功能。

每個人都會聚積灰塵，你不只堆積而已，你還以為它是個寶，抱著它不放。過去已經走遠了，有什麼理由還抓著它？它並沒有什麼價值。假如你把過去當成寶緊抓著不放，頭腦當然會想在未來一再去經驗，你的未來不會是別的，一定是你調整後的過去，或許比較精緻一點，比較花俏一點，但它注定會是一樣的，因為頭腦無法想像未知的事。頭腦只能投射已知的、你所知道的東西。

你愛著一個女人，後來這個女人死了，這時你要上哪裡去找另一個相同的女人？另一個女人會長得和你死去的妻子有些雷同，那是你尋找另一個女人所唯一知道的方式。你在未來的所作所為，不會是別的，只會是你過往一切的延續。你可能做一些變化，這裡補強一下、那裡修飾一點，但是主要的部分還是原來的樣子。

即將過世的慕拉．那斯魯丁躺在床上時，有個人問他：「那斯魯丁，如果你還有下輩子，你想擁有什麼樣的人生？你會想要有什麼改變嗎？」

那斯魯丁閉著眼睛思索這個問題，在經過一陣子的沉思冥想之後，他睜開眼睛，然後說：「嗯，如果我還有下輩子的話，我想把我的頭髮做中分，我一直都好想那麼做，但我爸爸卻堅持要我旁分。當他過世之後，我的頭髮已經非常習慣以前的分法，害我還是無法做中分。」

你已經非常、非常老了，只是一再重複同一個模式，印度教說這叫「生與死的輪轉」，並不是沒有道理的，原因在於這是一再重複的經歷。

別嘲笑他！換作你被問到同樣的問題，你也會像他一樣做這種不痛不癢的改變。換一個鼻子有點不同的先生，換一個臉蛋長得有點不同的妻子，換一棟大一點或小一點的房子，這些事就像把頭髮變為中分一樣的細鎖而微不足道，你生命的主軸還是老樣子。

你已經一再地做過不同的改變，但主要的生命依舊如昔。你曾多次被賦予生命，活過許多世的時間，你已經非常、非常老了。你不是地球上的新人，事實上你比地球還要老，因為你曾經活在其他星球上過，你和存在一樣古老。事情本來就該如此，因為你是存在的一部分，你活過很久的時間了，只是一再重複同一個模式，印度教說這叫「生與死的輪轉」，並不是沒有道理的，原因在於這是一再重複的經歷，就像輪子的同一根輻條一上一下，一下一上。

頭腦總是在投射，頭腦就是過去，所以你的未來將會是過去的一再投射。過去指的是什麼？過去你曾做過什麼事？無論好的、壞的，那林林總總的一切都會不斷重複，「業」的理論就是如此。假設前天你為了某件事大發雷霆，你製造了昨天讓自己再次發作的潛因，於是你昨天又發了一頓脾氣，給與憤怒更多能量，你這下深入到憤怒的情緒中，給它灌溉更多能量，然後今天你憤怒的氣焰更強，到了明天，你又是今天的受害者。

你的每一個作為、甚至只是念頭而已，都會用自己的方式一再出現，會在你的內在開啓一個頻道，開始吸取你的能量。比方你正在生氣，等這個情緒過去後，要是你以為你從此不會再生氣，那你就錯了。當那個心情過去後，表面上看起來都沒事，只有原本在輪子上面的那根輻條轉到下面去了。幾分鐘前，憤怒浮現出來，現在它進入無意識當中，進入你本質的深處。它在等待自己的時機，倘若你的行為正好對準它的胃口，它會愈形強化，你於是讓它重新活躍起來，因為它從你那裡獲得力量與生機；就像一顆在土壤裡蓄勢待發的種子，等候著適合的機會與時節，然後就會冒出芽來。

每一個行為都會自己不斷地延續下去，每一個念頭也都會自己不斷地延續下去，你與它們合作無異是在輸送能量給它們，接著，合作逐漸變成一個

你的每一個作為、甚至只是念頭而已，都會用自己的方式一再出現，會在你的內在開啟一個頻道，開始吸取你的能量。

習慣動作，你將會去執行那些習慣，但你卻不是做的人，你之所以做出某種行為是出於慣性使然。人們說習慣是第二個本性，這話並不誇張，回過頭來看，不了解的人還說不出這番話！事實上，習慣最後會變成你的第一本性，而原來的第一本性會變成第二本性。換句話說，你的本性變成像是一本書的附錄或是註腳，而習慣卻成為這本書的主要內容。

你活在習慣當中，也就是說，習慣基本上是透過你而活。習慣本身有持續性，有自己的能量，當然也從你那裡得到能量，不過那是因為你過去曾和它合作，現在又和它合作，漸漸地習慣會變成主人，你淪為它的奴隸，活在它的陰影下。習慣會下指令，你變成唯命是從的僕人，只有乖乖聽話的份。

曾經有一位印度教的神祕家名叫艾克那斯(Eknath)，他即將要去朝聖。朝聖的旅程至少要花一年的時間，因為他要拜訪全國各地所有的聖地。不用想也知道，要是能和艾克那斯一道去的話，那將是無上的恩典，所以有一千個人和他一起旅行。鎮上的一名小偷也來了，他說：「我知道我是小偷，不夠格成為你朝聖團的一員，但請你也給我一個機會，我想參與這趟旅程。」艾克那斯說：「這事不容易，因為一年的時間不算短，你或許會開始偷大家的東西，給我們製造問題，還是請你打消這個念頭吧。」但小偷仍不死心，他說：「我在那一年內不會偷東西，不管怎麼樣我就是要去朝聖，我答應你在一年內不會偷任何人的任何東西。」於是艾克那斯只好同意了。

可是才過了一個星期麻煩就出現了，大家行李箱裡的東西會不翼而飛，更奇怪的是，其實沒有人在偷竊，因為東西幾天後會出現在另一個人的袋子裡，發現東西無緣無故在自己袋子裡的人說：「我什麼事都沒做，我真的不知道為什麼它會跑到我袋子裡。」

艾克那斯起了疑心，所以有一天夜裡，他佯裝在睡覺，但其實醒著在留意動靜。小偷大約在接近午夜的時候出現了，半夜裡，他開始在人們的行李中動手腳，把張三的東西換到李四的袋子裡。艾克那斯將他逮個正著，他說：「你在做什麼？虧你還承諾過我！」

每一個行為都會自己不斷地延續下去，每一個念頭也都會自己不斷地延續下去，你與它們合作無異是在輸送能量給它們。

小偷說：「我有信守我的承諾，沒偷過半件東西，可是，這是我的老習慣……要是半夜裡我沒做點調皮搗蛋的事，我會睡不著覺，要我一年的時間不睡覺？你是大慈大悲的人，應該對我也不例外，而且我又不是偷！大家都有找到他們的物品，東西沒有遺失，只是換到另一個人的袋子裡而已。再說，一年之後我又會開始重操舊業，這樣也算是不錯的練習。」

習慣迫使你去做某些事，你是一個受害者，印度教稱之為「業」。你所重複的每一個行為或想法——念頭也是頭腦中的一個微小行為——會愈變愈強大，於是你被它所操控，活在習慣的煉獄當中。你過著囚犯般的生活，就像失去自由的奴隸；這樣的監禁是很隱微的，因為這座煉獄是由你的習慣、制約及你過去的所作所為構成的，它將你重重包圍住、綑綁住，但是你還一直欺騙自己，以為是你在決定做這些事的。

當你生氣的時候，你以為是你在生氣，還為自己找到合理的說辭，說是情況使你不得不如此：「我不得不生氣，不然小孩子會變壞」、「我要是不生氣的話，事情早就會出差錯，辦公室一定會一團混亂」、「傭人們都不聽話，我不扳起臉來沒辦法做事」、「為了讓太太安分一點，我必須發脾氣」，這些都是合理的藉口，你的自我就是用這樣的方式讓你以為自己還是主人，但事實上你不是。

生氣是出於舊有的模式，是過去的產物，當你生氣的時候，你會為它找一個理由。心理學家做過實驗，而且他們所發現的結果與東方玄祕心理學的觀點不謀而合：人是受害者，而不是自己的主人。心理學家所做的實驗是將一個人孤立在一個空間裡，提供他一切舒適的環境，他所需要的一切都能被滿足，就是不能跟其他人聯絡。他住在空調的房間裡，不必工作、沒有煩惱、沒有問題，可是他改不掉老習慣。有一天早上，沒由來地——因為一切都舒適無虞，沒有什麼需要擔憂，沒有生氣的理由——這個人忽然發覺自己沒由來地火氣很大。

憤怒就在你裡面。有時，你感到莫名的悲傷；有時，你心情飛揚，而有

你覺得好，或你覺得不好，這些感受是從你的無意識、你的過去當中跑出來的，除了你自己，沒有人該為你的感覺負責。

時，你覺得幸福與狂喜。一個所有人際關係被剝奪的人，他獨自處在一個全然舒適的環境，一切的需求都被滿足了，他還是會經歷在人際關係中會經歷的一切心情，表示那些東西來自你裡面，而你找別人為你承擔，你的說辭只是為了替自己的所作所為合理化。

你覺得好，或你覺得不好，這些感受是從你的無意識、你的過去當中跑出來的，除了你自己，沒有人該為你的感覺負責。沒有人讓你生氣，也沒有人使你快樂，你快樂是因為自己，生氣是因為自己，難過是因為自己，除非你懂得這個道理，否則你永遠只是個奴隸。

要當自己的主人，就要明白一件事：「不管我身上發生了什麼事，我都有絕對的責任。所有發生的一切，不管是什麼情形，我要負絕對的責任。」

剛開始的時候，你會覺得難過、沮喪，要是可以把責任丟給別人，你會覺得好過點，因為你自認沒有錯。當你老婆表現得這麼惡劣，你能怎麼做？

你不得不抓狂。但是要記清楚，她會表現得很惡劣是由於她內在的機械性，不是針對你，如果你不在那裡的話，她的惡劣態度會轉向小孩，如果小孩不在的話，她的惡劣會轉向碗盤，她會將碗盤摔到地上，或是把收音機給砸壞，她一定要做點事情，讓她的惡劣心情發洩出來。你只是正好被她發現在看報紙，於是她將惡劣的態度對你表現出來罷了，那是純屬巧合，你在一個錯誤的時機被她給遇到了。

你生氣，不是因為你老婆表現惡劣，她或許為你的生氣提供了場景，如此而已。她或許給了你一個機會、藉口生氣，但你不能否認自己正想發火的事實。如果不是你老婆，你還是照舊會生氣，只是換成其他對象，或為了其他念頭而生氣，你反正就是要生氣，生氣的因子早已在你的無意識裡。

每個人對自己是什麼樣的人，以及對自己的所作所為要負全部的責任。剛開始，為自己負責會令你很灰心喪氣，因為你一直以為你想要快樂，於是，要怎麼為你的不快樂負責？你總是渴望幸福，所以你怎麼能對自己生氣？因為這樣，你把責任丟給別人。

每個人對自己是什麼樣的人，以及對自己的所作所為要負全部的責任。自由的起始在於停止把責任丟給別人。

別忘了，假如你一直把責任丟給別人，你就會永遠是個奴隸，因為沒有人能改變別人。你如何改變得了別人？有誰曾經改變過任何人嗎？全世界最不可能完成的心願就是去改變別人，從沒有人辦到過，那是不可能的一件事，因為每個人有他自己存在的權利，你不能去改變他。你可以老是將責任丟給別人，但是你改變不了別人。由於你將責任丟給別人，你永遠看不出來基本的責任在你自己身上，你需要從內在做根本的改變。

這就是你會被套住的地方：當你開始對自己一切的作為、心情負責時，剛開始你會被沮喪的感覺給淹沒，但是，如果你通過了沮喪的那段時期，你會覺得很輕盈，因為此時的你不再受制於別人。現在你得以獨立作業，你能夠自由自在、高高興興的，就算全世界都不快樂、不自由，對你都沒有影響。自由的起始在於停止把責任丟給別人，自由的起始在於明白你才是該負責任的人，那麼一來，許多事情馬上就會變成有可能的。

請記住，如果你不斷地將責任丟到別人身上，你將永遠跳脫不出奴隸的角色，因為沒有人能改變得了別人。你要怎麼改變別人？有誰曾經改變過任何人？無論你發生了什麼事，例如你覺得哀傷，就將眼睛閉上，去看著你的哀傷，跟隨著，看它要帶你去哪裡，深入那個地方，你很快就會找到原因。

也許你必須走很長的一段路，因為那是你一生的經歷，說不定不只一世，而是好幾世的時間，你將發現你的許多傷口；那些傷口很痛，你的痛楚是由於那些傷口，那些傷到現在還會痛，還淌著血、還沒有結疤。這個回溯根源的方法，帶你從結果回到原因，你的傷口將會因此癒合。治療是如何發生的？為什麼這樣的方法可以治療？它暗藏了什麼現象在裡頭？

每當你回到過去，首先要停止做的事就是將責任推給別人，如果你還在推卸責任，表示你是在往外走，而非回到自己，這麼一來整個過程就錯了，你變成在別人身上找原因：「為什麼老婆態度那麼差勁？」於是那個「為什麼」開始指向老婆的行為，當你的第一步踏錯，接下來的整個步驟就都錯了。

「為什麼我不快樂？為什麼我不高興？」閉上雙眼，讓這個問題成為你

假如你一直把責任丟給別人，你就永遠跳不出奴隸的角色，因為沒有人能改變別人。你如何改變得了別人？有誰曾經改變過任何人嗎？

深刻的靜心冥想。躺在地板上，將眼睛闔上，放鬆身體，然後去感覺你在生氣什麼。別管你老婆，那只是一個藉口，不管是什麼，別去管藉口。只是深入你自己，穿越過憤怒，將它當成一條河流，你進入其中隨著河水漂流，讓它帶你往內走。你會在自己裡面找到細微的傷痛，那是讓你覺得痛的地方。

例如，你總認為自己的長相不好看，那是你內在的一道傷口。當老婆對你很惡劣地說：「你也不去照照鏡子！」她讓你意識到你的臉，這使你覺得很痛。或者，你一直對你老婆不忠，當她想使壞時，她又會把事情拿出來講：「你跟那個女人在笑什麼？為什麼你們坐在一起時那麼開心的樣子？」於是你的一個傷口被打到，因為你的不忠，你有罪惡感，這個傷口被觸痛了。

閉上眼睛，感覺著憤怒，讓它全部顯露出來，於是你才能將它的樣子看個仔細，看清楚它是什麼。就讓這股能量幫助你進入過去，因為憤怒是來自過去的產物，它當然不會是出於未來，未來還沒成形、還沒從現在衍生。

關於「業」的整個觀點即在於此：業不是未來的產物，因為未來尚未發生；業也不是現在的產物，因為你根本還不知道什麼叫現在，唯有成道者才知道現在是什麼。你只是活在過去當中，所以業必定是從你過去的某個部分而來，那道傷必定是在你記憶中的某處。回到過去，也許傷痕不只一處，也許你發現自己有許多或大或小的傷。

再深入一些，去找到最初的傷口，那是所有憤怒的源頭，倘若你去嘗試，你一定能找到的，因為它已經在那裡。它就在那裡，你過往的一切都還在那裡，就像一捲底片，它將自己捲起來，等候你把它攤開來，開始看著這捲底片，這就是回溯過去，探索根源的過程，這個過程之所以美是在於：如果你有意識地回到過去，如果你有意識地去感受一個傷口，那道傷就會立即受到治療。

為什麼會產生治療？因為傷痛是由無意識、沒有覺知所造成的；傷痛是無知、沉睡的一部分。當你有意識地回到過去，看著那道傷，意識就是一股

> 有意識地進入你當初無意識在做的事情。回到過去，憑著意識的光便能發揮治療的作用，它是一股療癒的力量。

療癒的力量。

傷口發生的當時，是發生在無意識裡，你那時氣得不得了，於是你做了某件事，例如你暗地裡殺了某個人，沒有人知道這件事，你瞞得過警察，瞞得過法官和法律，但你怎麼瞞得過你自己？你知道這件事，因為它觸痛了你。

每當有人給你機會生氣，你不禁會感到害怕，深恐同樣的事又再上演一次，你有可能會殺了對方。回到過去，因為當你殺了人或氣瘋了的時候，你是無意識的，那些傷就保存在無意識裡，現在你有意識地回到過去。

回到過去的意思是：有意識地進入你當初無意識在做的事情。回到過去，憑著意識的光便能發揮治療的作用，它是一股療癒的力量。任何你能意識到的事情都能受到治療，於是你不再感到傷痛。

能夠回到過去的人，他就能對過去釋然，於是從前的事情不再具有影響力，因為再沒有什麼能抓住他，過去的一切已經結束，他的存在中再也容不下過去。當過去無法占據你的時候，你就能夠處在當下，不然是不可能的。

你需要空間，你裡面堆了過去那麼多無用的東西，像個垃圾場一樣，使得當下一點進駐的空間都沒有。那個垃圾場一直在幻想著未來，所以一半的空間裝滿了已經沒有用的東西，另一半的空間又塞滿了還不存在的東西，那當下呢？就只能在門外等待著。所以說，當下只不過是一個通道，一條從過去到未來的走道，只是你暫時經過的地方而已。

要跟過去做個清楚的了斷，除非你能做到這件事，否則你只是過著幽靈般的生活，你的生命並不是真實的，因為它並不存在。過去透過你而活著，已逝的一切不斷盤繞著你。回到過去，任何時候當你有機會，當你內在發生了某些事：快樂、難過、悲傷、憤怒、嫉妒，這時你閉上雙眼，回到過去。要不了多久的時間，你就會對這種回到過去的旅程熟稔，很快就能回到過去裡，然後許多的傷口會浮現出來。

當你見到傷口的時候，不要開始去做任何事，並不需要「做」什麼，只要觀照、看著、觀察，傷口在那裡，你只是看著，傳送給你的傷口觀照的能

要跟過去做個清楚的了斷，除非你能做到這件事，否則你只是過著幽靈般的生活，你的生命並不是真實的。

量。去看著它，不帶任何批判地看著它，因為要是你批判的話，要是你說：「這是不好的，不應該這樣。」傷口又會關閉起來，藏匿起來。每當你指責的時候，頭腦就會試圖掩蓋事情，意識與無意識就是這樣被創造出來的，不然，頭腦其實是合一的狀態，並不需要有任何區別。可是你會去批判，那麼頭腦就必須將事情分割，把一部分收進黑暗的地窖當中，這樣你就看不見，也就無須批判了。

要做到既不批判也不讚賞，你只是一名觀照者，一個不受影響的旁觀者。別去否定什麼，別說：「這樣不好。」因為這是一種否認，否認就是壓抑。保持淡然，只要觀照、看著。帶著慈悲去注視著它，治療將會發生。

別問我為什麼治療會發生，這是一個自然而然的現象，如同水煮到攝氏一百度的時候就會沸騰是一樣的道理。你從來就不會問：「為什麼不是九十九度？」就算問了，也沒有人能回答這個問題，水本來就會在一百度的時候沸騰，沒有任何疑問。問題與事實毫不相干，要是水在九十九度沸騰，你也可以問為什麼；要是水在九十八度沸騰，你也可以問為什麼。水在一百度沸騰就只是一個自然的現象而已。

內在的自然本性也是一樣的道理。當不執著與慈悲的意識靠近一道傷口的時候，傷口就消失了——它揮發了。沒有為什麼，只是一個自然的現象而已，本來就是這樣，它的發生本來如此。當我說這件事的時候，我是出於我的經驗在談，你去試試看，你也可能會有相同的體驗，事情就是這個樣子。

第三章
行動中的覺察

觀照引領你進入一種新的行動，
行動中有一種新的品質。
當你從覺察與觀照中一個片刻接著一個片刻行動，
你會變得很聰慧，整個人神采奕奕。

沉睡的人做任何事都不能全然。你正在吃東西，但你的人並不是完全地在那裡，因為你腦袋裡正在想著一千零一件事情，做著一千零一個夢，你只是機械性地往嘴巴裡塞東西。你也許正在和你的女人或男人做愛，但你並不是全然地在那裡，說不定你在想另一個女人，一邊和妻子做愛，一邊想別的女人，或你一邊在想著生意上的事，或某樣你想買的東西的價錢，一輛車、一棟房子、任何的東西——那麼你是機械性地在做愛。

要全然地在你的行動中。全然的意思是你必須要有覺知，因為沒有人能在沒有覺知的情況下保持全然。全然的意思是不做其他思想，當你吃東西，就只是吃東西，你完全地在當下，吃就是全部的一切，你不是只塞食物給身體，你是在享受吃。在你吃的時候，身體、心理、靈魂是和諧一致的，在你存在的三個層次中有著某種調和及深度的韻律。於是，吃東西就變成是靜心，走路就變成是靜心，砍柴就變成是靜心，從井邊挑水就變成是靜心，烹調食物就變成是靜心。小小的事情被轉化了，變成是發光的行動。

從核心開始

要了解一件事，寧靜並不屬於頭腦，所以，如果我們說：「他有一個寧靜的頭腦」這種話，這是胡說八道，頭腦永遠不會是寧靜的，它的本質是反寧靜的。頭腦是聲音，而非安靜。假如一個人真的是寧靜的，那麼我們必須說他沒有頭腦。

「寧靜」的頭腦是矛盾的字眼，當頭腦在的時候，寧靜不會在，當寧靜在的時候，頭腦就是不在的。那正是為什麼禪宗裡的僧者都說「無念」**(no-mind)**，而非「寧靜的頭腦」。無念是寧靜，當你的頭腦不在時，你感覺不到身體，因為頭腦是身體能夠被感覺到的管道。假使你處於無念當中，你感覺不到自己是身體，身體就從意識當中消無，於是既沒有頭腦，也沒有身體——只有純粹的存在，那個純粹的存在就是寧靜所意指的。

要如何做到這樣的寧靜？要如何處於這樣的寧靜？所有你能做的都沒有用，最大的問題就在於此。對追求寧靜的人來說，這是最大的問題，任何

當頭腦不在，當你存在中的寧靜達到極致，身體會像影子般緊緊跟隨，會發生特定的姿勢，那是最放鬆、最被動的姿勢。

你在做的事情都是徒然，因為這無關乎作為。你可以用某種姿勢坐著——那是你的作為——你一定看過佛陀以那種姿勢坐著，你也可以採用那樣的坐姿，但那是一種作為。對佛陀來說，那個姿勢是偶發的，並不是導致寧靜發生的原因，事實正好相反，那是寧靜發生後所伴隨的現象。

當頭腦不在，當存在的寧靜達到極致，身體會像影子般緊緊跟隨，會發生特定的姿勢，那是最放鬆、最被動的姿勢。但是你不能反過來做，你不能為了要讓寧靜發生而去擺某個姿勢。我們看到一尊佛以特別的姿勢坐著，就以為如果也照著做同樣的姿勢，內在的寧靜就會發生，這個程序是錯誤的。對佛陀而言，是先有寧靜這個內在的現象，然後這個姿勢才隨之而來。

從你自己的經驗來看這件事：當你憤怒的時候，身體會有某種姿勢。你的眼睛會變赤紅，你的臉上會有某種表情。你內在先有憤怒，然後身體會有反應，不只外在會有反應，內在也會有，你整個身體的化學性質發生改變。

你的血液循環變快，呼吸的方式也不一樣，你已經準備好去吵架或直接離開，但是憤怒先發生，接著身體發生改變。

從另一極去做做看：把你的眼睛變紅，讓呼吸變快，去做一切生氣時你覺得身體會做的事情。你可以表演，但是你無法在裡面製造憤怒。這是演員隨時都在做的事，當他飾演一個愛人的角色，他所做的是當愛發生時，一個人會表現出來的動作，但是他並沒有感覺到愛。演員或許可以做得比你好，但愛不會因此發生，他或許可以表現得比你真正生氣時更逼真，但那只是假的，他的內在並沒有真的情緒。

當你從外面開始下手時，你就創造出錯誤的狀態了，真實的東西永遠是先從核心發生，接著波動才會擴及表層。

最深處的核心是在寧靜裡，先從那裡開始。

唯有從寧靜當中，才會有行動(action)發生。如果你沒有處於寧靜的空間，意思是，你不知道怎麼在深度的靜心中靜靜地坐著或站著，那麼你所做的一切將都是反動(reaction)，而不是行動，你只是反應而已。某個人按了你

如果你沒有處於寧靜的空間，你不知道怎麼在深度的靜心中靜靜地坐著或站著，那麼你所做的一切將都是反動，而不是行動，你只是反應而已。

一個按鈕，你就跟著反應；他羞辱了你一頓，於是你火冒三丈，氣呼呼地罵回去，你說這是出於自己的行動嗎？不是的。容我提醒你，這是你的反應，他是操控你的人，你是被操控者；他按下一個按鈕，你就像機器一樣地運作，就像你按了開關，燈就亮了，你再按一次開關，燈就熄了——那就是人們對你所做的事，他們一下把你打開，一下又把你關掉。

某個人在你面前稱讚你，把你的自我捧得很高，你覺得飄飄欲仙，然後又來了一個人，他對準你打了一槍，你就應聲倒在地上。你不是自己的主人，誰都可以污辱你，讓你傷心、生氣、心痛、焦躁、激進、抓狂；誰都可以對你說好聽的話，讓你覺得飛上雲霄，以為自己所向無敵，連亞歷山大都比不上你。你依據別人對你的操控而表現，這不叫真正的行動。

佛陀行經一個村莊，前去找他的人們對他說話很不客氣，他們對他口出穢言。佛陀站在那裡仔細地、靜靜地聽著，然後說：「謝謝你們來找我，不過我在趕路，下一村的人還在等我，我必須去那裡。今天我沒有很多的時間能和你們在一起，等我明天回來之後會有比較充分的時間，到時候你們再一起過來，明天如果你們還有什麼想講的再告訴我，現在我先告辭了。」

那些人不敢相信他們耳朵所聽到的話，和眼睛所看到的景象：這個人完全不受影響。其中一個人問佛陀：「難道你沒有聽見我們的話？我們把你欺負到底，你卻連一點反應都沒有！」

佛陀說：「假如你要的是我的反應的話，那你來的太晚了，你應該十年前就來的，那時的我就會有所反應。然而，這十年以來我已經不再為人所控制，我已經不再是個奴隸，我是自己的主人。我根據自己在做事，而不是跟隨別人在反應，我所依循的是我內在的需要，你們無法強迫我做任何事情。你們要欺負我，非常好，我希望你們覺得心滿意足了，因為你們做得很好；但是就我而言，我並沒有接受你們的欺負，除非我收下，否則你們的欺負並不構成任何意義。」

當某個人羞辱你時，你必須先成為一個接受者，你必須收下他所說的話，只有到那時候你才能有所反應，可是，如果你不接受，根本不為所動，保持距離和冷靜，那對方又能奈你何？

當某個人羞辱你時，你必須先成為一個接受者，可是，如果你不接受，根本不為所動，保持距離和冷靜，那對方又能奈你何？

佛陀說：「人們可以向河裡丟一根正燃燒著的火把，在火把到達河裡前它都會繼續燃燒。當火把一掉入河中，它就熄滅了，因為河水冷卻了它。我已經變成一條河流，你將難聽的話朝我丟來，在你丟出之時它們是火焰，但那個火焰在我的冷靜中熄滅了，不再有殺傷力。你所丟的荊棘掉進我的寧靜後，就變成花叢。我是出於我內在自然的本性在行事。」

這是自發性(spontaneity)。

覺知、了解的人是行動，沒有覺知、無意識，像機器人一樣的人是反動。這並非說有覺知的人就只是在觀照，觀照是他本質中的一個面向，他的一舉一動都是出自他的觀照。但別誤解一件事，舉例來說，全印度上下的人都誤解了佛陀，於是整個國家變成一片懶散，他們以為每位偉大的師父都說：「靜靜地坐著。」所以印度成了一個渙散的國家，失去了活力、生命力，人們的心智變得魯鈍。

唯有當你行動時，你的聰明才智才會變敏銳。當你從覺察與觀照中一個片刻接著一個片刻行動，你會變得很聰慧，開始發光、發亮，整個人神采奕奕。不過，這只透過兩件事才會發生：觀照，還有從觀照中行動。要是觀照變成停止行動，你這是在自殺。

觀照應該引領你進入行動，一種新的行動，你的行動中有一種新的品質。你看著，你的內在全然地寂靜，當你看到現在是什麼情況之後，你從你所看到的裡面做出行動。覺知的人採取回應(respond)，他對所做的事情負責(responsible)，說起來一點也不錯！他回應，但不反應，他的行為是出於覺知，而不是因為你的控制，差別就在這裡。所以說，觀照與自發性之間並沒有矛盾；觀照是自發性的起始，自發性是觀照的完成。

真的懂的人會行動，他的行動是強烈的、全然的，不過，他是在當下出於他的意識行動。他就像一面鏡子，一般無意識的人不是像鏡子，而是像照

覺知、了解的人是行動，沒有覺知、無意識，像機器人一樣的人是反動。當你從覺察與觀照中一個片刻接著一個片刻行動，你會變得很聰慧。

片的底片。

鏡子和底片的差別在哪裡？底片曝光過一次後就不能再用了，它接受影像，因為它被影像烙了印記。別忘了，影像不是實相，實相是不斷在增長的，你可以去花園裡拍一張玫瑰花叢的照片，到了明天照片上的花還是沒變，後天你再去看也還是一樣，可是你再去看一次那個玫瑰花叢，它已經不一樣了，原來的玫瑰花已經凋謝，新的又再長出來，許多地方已經不再相同。

生命並不是靜止的，它不斷在變化。你的頭腦就像一台照相機，總是在蒐集影像，它是一本相簿集，然後由於那上面的照片你不斷在反應，所以，你對生命而言從來都不是真實的，因為你所做的一切都是錯的，我說：「你所做的一切」都是錯的，你所做的從來都不對。

一位母親和她的兒子在欣賞全家人的相簿，他們看到一張照片，上面是一個俊美的男子——濃密的頭髮配上性格的鬍子，很年輕、很有朝氣的樣子。

小男孩問道：「媽咪，這個男的是誰啊？」

這位母親說：「你認不出來嗎？他是你爸爸啊！」

小男孩露出一臉困惑的說：「如果他是爸爸的話，那跟我們住在一起的這個禿頭男人是誰？」

照片是靜止的，它會維持原來的樣子，永遠不會改變。

無意識的頭腦就像照相機，它的功能就像底片。觀照的頭腦、靜心的頭腦就像鏡子，不會去抓取任何影像，保持著恆常的空敞。假如你去站在鏡子前面，它會反映出你的模樣，一旦你走掉，別說鏡子背叛了你，鏡子就是鏡子，當你不在了，它就不會再反映你，它不再有義務去反映你。沒有人在那裡時，它就沒有任何反映，對生命它永遠是真實的。

底片對生命而言從來就不是真實的，即使你的照片是現在照的，等照的人將底片拿出來沖洗的時候，你又已經不一樣了！在那段時間裡，恆河的水又不知已經流逝過多少了，你已經長大、變老了一點。或許才不過一分鐘的

無意識的頭腦就像照相機，它的功能就像底片。觀照的頭腦、靜心的頭腦就像鏡子，不會抓取任何影像，保持著恆常的空敞。

光景，但一分鐘可能是很重要的，你也許就死了？一分鐘以前你還活跳跳的，一分鐘之後，你也許死了，但你所拍的照片卻永遠不會有所改變。

在鏡子面前，如果你是活著，你就是活著；如果你死了，你就是死了。學著靜靜地坐著，讓自己變成一面鏡子。從你的意識當中，寧靜將會化為一面鏡子，然後你活在一個片刻接著一個片刻裡，你如實地反映著生活，而不是腦袋裡裝著一本厚厚的相簿。接下來，你的雙眼清晰中又透露著天真，你有清楚的洞見，永遠不會對生命不真實。

這是真誠的生命。

跟隨你的自發性

你做的事總是根據過去，你的言行舉止出於你過去所累積的經驗、所獲得的結論，請問你如何能跟隨自己的自發性？

過去主宰著你，因為過去，你甚至無法看到眼前，你的眼裡裝滿了以前的一切，那像是一層厚厚的煙霧，使你什麼也看不到！你的雙眼幾乎變盲，由於煙霧的關係變盲，由於從前所做的結論變盲，由於知識變盲。

博學多聞的人是世上最盲目的人，因為凡事他都從知識的觀點來看，使得他看不到正在發生的事。他就像台機器，將所學到的東西變成現成的機制，再從那個機制中行動。

有一則大家都耳熟能詳的故事：

在日本有兩座寺廟，他們彼此是宿敵。當家的兩位住持互相仇視到連看都不願看對方一眼，就算在路上遇到了，他們也從不會停下來交談，就這樣，歷代以來的兩寺的住持從未談過一句話。

不過，兩邊的住持都各有一位貼身的小男僮服伺他們，為他們跑腿做事，兩位住持擔心孩子們畢竟是孩子，說不定他們會變成朋友，所以其中一位住持就告訴他的小男僮：「記住，永遠別去和那一間廟裡的男孩玩，那邊的人很危險，要躲他們躲得遠遠的，就像他們身上有瘟疫一樣。」

這男孩不禁起了興趣……因為他已經聽膩了講道，反正他從來就聽不懂，也看不懂經書上所寫的，還有，大家在討論的高深問題也不是他能理解的。沒有人跟他一起玩，連講話的對象都沒有，所以當他被告知不能去跟另一間廟裡的男孩玩時，對他來講是個很大的誘惑，誘惑都是那樣被引起的。那一天，他在路上遇到另一個男孩，他忍不住對他說：「你要去哪裡？」

另一個男孩稍微有一點哲學的薰陶——因為聽多了哲學的東西。他說：「去哪裡？沒有人來也沒有人去，它是一種發生，風帶我去哪裡，我就去哪裡。」他曾經多次聽到師父說，那就是一個佛生活的方式，像一片枯葉隨風飄，風吹到哪裡，祂就去哪裡。所以那男孩說：「我並不存在，並沒有做的人，怎麼有我去哪裡這回事？你在胡扯些什麼？我是一片枯葉，就看風帶我到哪裡……」

問話的男孩被這番話嚇到，一時啞口無言，因為他找不出任何話可以回答。他覺得真的很丟臉，不禁想：「我師父叫我不要跟他們說話是沒錯的，他們確實是危險份子。這是什麼話？我只不過是問他一個簡單的問題：『你要去哪裡？』我其實早就知道他要去哪裡，因為我們都是要去市場裡買菜，他大可簡單回答我就好了。」

男孩回去後向師父坦承：「對不起，請原諒我。您已經說過不准，但是我沒聽話。事實上，因為您的禁令，我反而禁不住那個誘惑。這是我第一次和那幫危險份子交談，我只是問對方：『你要去哪裡？』他卻開始說出奇怪的話：『沒有人來也沒有人去，是誰要來？誰要去？我是純粹的空寂。』接著又說：『我只是一片在風中飄的枯葉，風帶我去哪裡，我就去哪裡……』」

師父說：「我早就告訴過你了！好，明天你去到市場，當他去那裡的時候，你問他：『你要去哪裡？』當他說那些話的時候，你就說：『沒錯，你是一片枯葉，我也是，但當風不吹的時候，你要去哪裡？你能去哪裡？』就這麼說，你會令他無地自容，他一定會被打敗。我們之間一直都在打口水戰，那些人從來沒有在任何辯論中贏過我們，所以明天你一定要辦妥這件事。」

隔天，男孩起了個早，將答案在心裡默背了好幾遍。然後，他走去那個男孩會過馬路的地方，一面不斷背誦著師父交代的話，將自己準備好，接著他看到那個男孩走過來了，他對自己說：「好，看我的。」

男孩走到他面前，他問道：「你要去哪裡？」他心裡暗自期盼著有扳回的機會。

但是那個男孩卻說：「我的雙腿想走去哪裡，我就去哪裡。」沒有提到風，沒有講到空寂，也沒說沒有做的人這回事……這下該如何是好？他準備了半天的那套回答看起來很荒謬。現在再去講風一點也沒有意思，於是，他又垂頭喪氣地走回去，這時他覺得自己真是丟臉丟到家，他想：「這個男生確實懂得一些稀奇古怪的東西，這次他說的是：『我的雙腿想走去哪裡，我就去哪裡。』」

男孩回去找師父，師父說：「我早就告訴過你不要跟那些人交談！他們是很危險的，這是我們一百年來的經驗，這件事你一定要解決。所以明天你再去問他：『你要去哪裡？』然後當他說『我的雙腿想走去哪裡，我就去哪裡。』的時候，告訴他：『要是你沒有腿……那你怎麼辦？』總有一次要換他閉嘴。」

所以隔天，男孩又去問了：「你要去哪裡？」然後他等著回答。

沒想到另一個男孩說：「我要去市場買菜。」

人通常都是根據過去在行動，但是生活卻一直在轉變。生命沒有義務要符合你所下的結論，那就是為什麼生命是那麼令人感到困惑——對博學多聞的人來說；所有既定的答案：吉塔經、可蘭經、聖經、吠陀經，一切都記在他的腦子裡，你要什麼答案他都有，只是，生命從來不會問同一個問題，所以他永遠窮於應付。

不再優柔寡斷

頭腦從來都不是果決的，這不是因人而異的問題，而是頭腦天生就優柔寡斷。頭腦運作的方式就是在兩個極端之間搖擺，試圖找出正確的路；這就像你閉著眼睛想找出門的位置，當然你就會覺得懸在兩極之間左擺右盪，你永遠會處在二選一的情境，因為頭腦的本質就是這樣。

知名的丹麥籍哲學家齊克果(Soren Kierkegaard)寫了一本書《或此或彼》(*Either/Or*)，那本書講的是他自己的生命經驗，他說他永遠沒辦法決定任何事情。每當他決定要怎麼做的時候，另一個做法總似乎才是對的，要是他決定採用另一個做法，就會換成原先的做法看上去是對的。他一直都沒有結婚，雖然有一位女士與他十分相愛，她央求他娶她，但是齊克果說：「我得好好想一想，婚姻是大事，我不能馬上就答應或是不答應。」結果他一直都是單身，直到帶著他的問題過世，享年四十二歲。

他只活了四十二歲，他一輩子都在與人討論、辯論，卻從來沒有找到終極的答案，意思是這個答案不會有對等的另一個極端。他一直沒有當成教授，儘管他已經填妥了申請書，而且他的資格是最好的：他有許多本書十分為人所推崇，那些書相當具有重要性，一個世紀之後它們的內容依然能跟得上時代，絲毫不會落伍。他將表格填好之後，一直沒辦法簽下名字，因為「或此或彼」……到底要不要去大學教書？當他過世之後，那個表格在他住的小房間裡被發現。

他曾在一個十字路口停下來好幾個小時，只為了決定要往哪一個方向走！整個哥本哈根市的人開始注意到這個人怪異的行徑，小孩子們為他取綽號「Either/Or」，不管他走到哪裡，街上的頑童會跟在他的後面大叫他的綽號。他的父親眼見他這個樣子，便在自己死前將結束的生意做了清算，把所有的錢蒐集起來匯到一個戶頭裡，安排每個月的第一天讓齊克果收到定額的錢，這樣他這輩子日子至少可以過下去……說來你會驚訝，有一天，在某個月的第一天，當他去拿走最後一筆攤付的錢之後，就在他回家的途中，他帶著那最後一筆錢，倒在路上死了。那麼做是正確的事，因為，過了這個月他能做什麼？

頭腦本來就會處在兩極之間不上不下，除非你能遠離頭腦，觀照它所玩的一切把戲，不然你無法決定得了任何事情。

他寫書，但不知道是否該出版，他留下許多未出版的書，那些書的價值很高，每本書裡對世事都有著很深的洞見。對於他所寫的每個主題，他都能寫到最根本的東西，連小地方都巨細靡遺……他是個天才，但是他是個頭腦的天才。

頭腦就會有那樣的問題，你的頭腦愈好，遇到的問題就會愈大，頭腦沒那麼好的人，還比較不會有那麼大的問題。通常是天才的頭腦，才會卡在兩極之間，而無法做抉擇，他會覺得自己左也不是，右也不是。

我從來就在告訴你，頭腦的本性就是會進退兩難，本來就會處在兩極之中不上不下的。除非你能遠離頭腦，觀照它所玩的一切把戲，不然你無法決定得了任何事情。即使有時候你不管頭腦，逕自做下決定，事後你一定會後悔，因為你所沒有選擇的另一半一定會在你腦海裡盤旋不去，你會想：也許那才是正確的選擇，而你做了錯誤的選擇，現在又沒辦法知道，說不定被你捨棄的選擇才是正確的選擇。但是就算你真的換了選擇，情況也不會有所不同，現在輪到你所換掉的選擇在困擾你。

頭腦基本上是瘋狂的開始，假如你太投入其中，它將會把你給逼瘋。

我以前住在某個村子裡，我的房子對面住著一個金匠。那時，我常常就坐在他房子的前面看東看西，我開始注意到他有一個習慣引起了我的好奇：每當他把店門鎖上之後，他會再把鎖拉個兩、三次，確定是否真的鎖上了。有一天我從河邊回來，他剛剛鎖好門，正準備要回家去，我對他說：「可是你還沒有檢查！」

他說：「檢查什麼？」

我說：「你還沒檢查你的鎖！」其實他早就檢查好了，我看見他拉了三次那個鎖，只是，我現在因為他那樣而出現懷疑的習慣，頭腦隨時準備好要……

他對我說：「也許我忘了，我必須再回去看看。」於是，他走回去再檢查了一次。那變成了我的樂趣——不管他去到哪裡，可能是在菜市場裡買菜，我會跑去跟他說：「你還在這裡做什麼？你沒有檢查你的鎖就出來了！」

他會放下手上的蔬菜，然後說：「我馬上就回去，我要先回去檢查鎖。」甚至是在火車站，他正在買票，準備要去某個地方，我會跑去告訴他：「你在做什麼？你的鎖！」

他說：「老天，難道我忘了檢查？」

我說：「對啊！」

他說：「這下走不成了。」他把火車票退了，跑回家去檢查他的鎖，但是要再回去搭火車已經為時已晚，火車早就開走了。他信任我的話，因為我總是坐在他房子的前面。

漸漸地，大家都知道這件事，所以他每到一個地方，人們會對他說：「你要去哪裡？有沒有檢查過你的鎖了？」

最後他對我生氣了，他說：「一定是你在散播這件事，因為我走到哪裡都聽到大家在講鎖的事。」

我說：「那就別管他們，隨他們高興怎麼講就怎麼講。」

他說：「這話是什麼意思？假如他們說對了，那我一輩子就玩完了，我不能冒這個風險。所以就算是很清楚他們也許在騙我，我還是不得不回來檢查我的鎖。我知道我一定檢查過了，但誰又能確定呢？」

頭腦對任何事情都無法確定。

假如你處在頭腦的兩極化之間，覺得怎麼樣都不對，這種永遠在想做或不做某件事的狀況，會將你搞瘋，你會發瘋！在你發瘋以前，趕緊跳出來，從外面的地方去看頭腦。

對頭腦這個東西要有意識——它的光明面與黑暗面，它的正確面與錯誤面，不管有哪些兩極化的面向，你只需要意識到它們。從你對它們的意識當中，會有兩個認識發生，第一：你不是頭腦。第二：覺知有著頭腦永遠不會有的果決。

頭腦基本上沒有能力決定任何事情，而覺知基本上就是果決的，所以，

頭腦基本上沒有能力決定任何事情，而覺知基本上就是果決的，所以，任何出於覺知的動作都是全然、百分之百毫無後悔的。

任何出於覺知的動作都是全然、百分之百毫無後悔的。

我這輩子從沒有對任何事再想第二遍，不管其他的事是否會更好。我從沒後悔過，也從不覺得自己做錯過什麼事，因為，我的存在裡沒有留下任何人在說這些話。我的作為一直是出於我的覺知——那是我整個人的存在。所有發生的，是一切能夠發生的，世人可以說它是對或錯，那是他家的事，不是我的問題。

覺察可以帶你走出困境，使你不再介於頭腦的兩極間盪來盪去，你會從那兩者當中跳脫出來，看清那種種的兩極之所以會存在，是因為你活在頭腦裡。當你能脫離頭腦，你會驚訝地發現，那些兩極是一體兩面的現象——並沒有抉擇的問題存在。

你的覺察使你看得清晰、徹底，你將自己放開來，讓存在透過你決定。你無須去想什麼是對、什麼是錯，讓存在牽著你的手，你放鬆地跟著動，那就是唯一的方式，也就是正確的方式。如果你要當明智的人，這就是唯一的方法，否則你繼續過著雜亂無章的生命。

看看齊克果，他是個了不起的頭腦，但由於他是基督徒，所以他沒有覺知的概念。他可以思考，而且思考得十分深入，然而他無法靜下來觀照。這個可憐的傢伙從沒聽過像觀察、觀照、覺知這些事情，思考是他僅所知道的一切，所以他所有的天份都投入在思考。他創作出偉大的書籍，只可惜他沒為自己創作出偉大的生命，他活得一點都不快樂。

完整活在每個片刻

為什麼需要夢的存在？你想把某個人給殺了，但你又不能這麼做，於是你在夢中殺掉他，好讓頭腦得到鬆懈，早上起床後你覺得煥然一新——你把那個人幹掉了。我不是要你去殺人，好讓你不需要作夢，只要記得：如果你想殺掉某個人，把你的房門關上，去靜心冥想那個殺人的意念，然後有意識地將他殺掉。當我說：「殺掉他。」我的意思是把一個枕頭給垂扁，或弄一

記得一件事：讓每一個片刻完整，彷彿下一刻不會來臨。唯有以這種方式活著，你的每一個片刻才會是完整的。

個那個人的雕像，然後把那個雕像給敲碎。那個有意識的努力，有意識的靜心，會讓你對自己有新的了解。

記得一件事：讓每一個片刻完整，彷彿下一刻不會來臨。唯有以這種方式活著，你的每一個片刻才會是完整的。你明白死亡隨時都可能降臨，這或許是你最後的時刻。要有一種感覺：「假如有什麼事是我非做不可的，我一定要趁現在毫無保留地去做！」

我聽過一個希臘將軍的故事，國王本身並不喜歡這位將軍，於是他在宮廷裡策劃了一個陰謀，決定在將軍生日的那天將他處決掉。那天是將軍的生日，他正在和朋友一起慶祝，到了下午的時候，忽然，國王的祕書出現在慶生會裡，告訴將軍說：「很抱歉，要告訴你這件事很難，但是我必須通知你，國王決定今天下午六點鐘將你處以絞刑，所以請你在下午六點以前準備好。」

那天是他的生日，有許多朋友去為他祝壽，原來是一片笙歌酒舞的氣氛，卻被這個突如其來的消息給改變，大家變得很哀傷。

但是這位將軍卻說：「請不用難過，因為這將是我人生的最後時光，讓我們跳完這場舞，完成這個生日宴會。現在我們沒有任何機會了，所以將來我們也更不可能再有一個完整的慶生會。請不要在這種哀淒的氣氛中為我送別，不然，我的頭腦將會一直戀棧生命，終止的音樂和中斷的宴會將會成為我的心頭負擔，所以讓我們來完成它，現在已經沒有時間停下來。」

為了他，大家只好又走進舞池，卻無法再像之前那樣盡興，倒是他一個人跳得非常投入，他的慶祝更加深入。其他人彷彿都已經不在那裡了，他的太太在哭泣，但他依舊繼續跳舞、對他的朋友講話。

看到他這麼快樂，這位祕書回去向國王稟報說：「那個人很少見，他已經聽到自己將被處決的消息，可是他卻不會難過，他用很不一樣的方式接受這個訊息，他這個人讓人完全無法想像。他用歡笑、舞蹈來慶祝，他說因為那是他最後的片刻；到了這種時候，他再也沒有未來，他不能浪費這僅剩的時間——他一定要活在這些片刻裡。」

拖延變成一個內在的對話，一個內在的獨白。不要蹉跎，活在當下，當你愈在當下，你就愈不需要經常性的思考。

國王親自去看那裡到底是怎麼一回事。每個人都難過得在哭，只有將軍在跳舞、喝酒、高歌，國王問他：「你這是在做什麼？」

將軍說：「這一直是我生命裡的原則——去留意隨時會來臨的死亡。因為這樣的緣故，我盡可能地活在每一個片刻裡。不過，當然你今天話已說得很明白了，我心裡十分感激，因為到目前為止，我只是在想死亡是隨時有可能發生的事，那只是我在想的事；死亡會在某個地方潛伏著，那樣的想法的意思是死亡不會在下一個片刻發生，因為未來仍在那裡。可是你為我將過去整個拋掉，這是我最後的下午，生命現在是短暫的，我不能再拖延下去了。」

國王聽了這番話感到快樂無比，他變成將軍的門徒，對他說：「請教導我！這是一種煉金術，生命就是應該這樣過法，這是一門藝術。我決定不要處決你，而是希望你能做我的老師，教我如何活在當下。」

我們一直在拖延，那個拖延變成一個內在的對話，一個內在的獨白。不要蹉跎，活在當下，當你愈在當下，你就愈不需要經常性的思考，因為你對於思考的需求降低了。會用到思考是因為拖延，我們什麼都要拖延，總是活在明天，明天永遠不會來，也不可能會來。來的永遠是今天，我們卻不斷為了明天去犧牲今天，可是明天根本不存在。就是因為這樣，你的頭腦常常去想已經被你毀了的過去，還有你為了還沒到的明天所犧牲掉的那一切，然後繼續再為了往後的明天拖延下去。

對於你所錯過的，你會一直想在未來的某一天追回來，你追不到的！你那介於過去和未來的壓力一直都在，因為你一直錯過現在，那個壓力成了你內在的噪音，除非你能停止那股噪音，否則你不得安寧。所以第一件事情：試著全心全意活在每一個片刻中。

第二件事：你的頭腦是那麼喧鬧不休，因為你總以為是別人製造那些噪音的，你不是該負責的人，所以你一直以為，在一個比較好的世界裡——有一個比較好的妻子，比較好的先生，比較好的小孩，比較好的房子，比較好的地方——一切就會沒事，你就能過你的太平日子。你以為你不得安寧是因

你可以製造幻象，以為天堂存在於某個地方，可是其實到處都是地獄，因為頭腦就是地獄。

為周遭的一切都不對，所以你要怎麼靜得下來？

假如你這麼認為的話，假如這就是你的邏輯的話，那麼那個比較好的世界永遠不會發生。不論你走到哪裡，這世界都是那個樣子，到處你都會遇到這樣的老婆、這樣的先生、這樣的小孩。你可以製造幻象，以為天堂存在於某個地方，可是其實到處都是地獄，以這種頭腦，到哪裡你都會遇到地獄，因為頭腦就是地獄。

有一天，慕拉．那斯魯丁和他老婆在半夜裡回到家。他們發現家裡被闖空門，他老婆看到這副景象開始大哭大叫，她對那斯魯丁說：「都是你的錯，你為什麼在我們離家前沒有檢查門窗有沒有鎖好？」

沒多久鄰居也都湊過去圍觀，大家在議論紛紛那斯魯丁家被闖空門的事。一位鄰居說：「我早就猜得到，你以前難道都沒想過嗎？實在是太粗心了！」第二位鄰居說：「你家的窗户是開著的，你出門前怎麼沒有關窗？」

第三位鄰居說：「你的鎖一看就知道壞掉了，為什麼你沒有換上新的鎖？」

大家都把錯怪到那斯魯丁身上。

於是他說：「等一等！我並沒有錯。」

圍觀的鄰居異口同聲說：「如果不是你的錯，那你想是誰的錯？」

慕拉說：「難道小偷沒有錯嗎？」

頭腦總是將錯怪到別人頭上，你會因此得到一個錯不在己的錯覺，是某個地方的某個人有錯，不管是張三、李四還是王五都行。這種態度是我們頭腦的基本態度之一，每件事都是別人的錯，到哪裡我們都可以找到代罪羔羊，於是我們覺得心安理得，因為我們將包袱丟出去了。

對一個求道者而言，這種頭腦沒有幫助，反而是阻礙，這個頭腦就是阻礙。我們必須明白：不管是什麼狀況，無論你發生什麼事，你是該負責的人，而不是別人該負責。如果你能負責，事情才有轉圜的餘地，如果是別人負責，那什麼都不可能了。

對於你所錯過的，你會一直想在未來的某一天追回來，你追不到的！你一直錯過現在，那個壓力成了你內在的噪音，讓你不得安寧。

在宗教性的頭腦和非宗教性的頭腦之間，有一個根本上的衝突，非宗教性的頭腦總是認為別人應該負責——改變社會、改變環境、改變經濟情況、改變政治局面，總之改變什麼就對了，然後一切就會沒事。我們已將事情改變過許多次，但一切還是都不對。宗教性的頭腦則是認為，不管是什麼事情，假如是出於你的頭腦，你的日子將不會好過，你永遠無法得到平靜。

去承擔責任，成為負責的人，這麼一來你才能去做些什麼，因為你只能對自己做些什麼，你不能改變這世上的任何一個人，你只能改變你自己，那是唯一可能的革命。唯一蛻變的機會在於你自己，不過，只有當我們覺得應該為自己負責的時候，蛻變才有可能發生。

不再想當好人

唯一的美德是覺知，唯一的罪過是沒有覺知，所有出於無意識做出來的事都是一種犯罪。假如你有意識的話，你不可能謀殺任何人；假如你有意識的話，你根本不可能對別人施暴；假如你有意識的話，你不可能強暴別人、偷取別人的東西或虐待別人，只有當無意識戰勝了你，在無意識的黑暗當中，各種敵人才會紛紛進到你裡頭。

佛陀曾說過：當家裡面燈火通明的時候，盜賊就不會去覬覦你家；要是守門的人醒著，偷兒不會想嘗試採取行動；要是屋裡的人在走動、說話，要是屋裡還沒有靜下來，偷兒一點都不可能闖進你家，連想都不敢想。

這也正是你的狀況：你是一間沒有點燈的房子。人在一般狀態中就跟機器一樣，你只是名稱上被叫做人，其實你只是一台訓練有素的機器，你所做的一切將都會是錯的。別忘了，我說的是「你所做的一切」，就連你的美德也不例外——如果你沒有覺知的話。當你沒有覺知的時候，你怎麼可能有美德？在你的美德後面，一定有一個巨大的自我。

就連你那辛苦培養起來的高尚品德都沒有用處，你不會因而變單純、謙卑，你並無法體會神聖的境界，因為那只有當自我消失的時候才可能發生。

唯一的美德是覺知。當你沒有覺知的時候，你怎麼可能有美德？在你的美德後面，一定有一個強大的自我。

你將會過著受人景仰的聖人生活，但骨子裡其實跟其他人一樣赤貧，因為你的內在世界是腐化、沒有意義的。你的罪過將會是罪過，你的美德也將會是罪過；你的不道德將會是不道德，你的道德也將會是不道德。

我不教導道德，也不教導美德，因為我知道沒有覺知的話，這些東西只是虛偽的作假罷了，你也只是虛假的人。道德與美德不會使你自由，也無法使你自由，它們反過來會束縛你。

只要一件事就足夠：**覺察是一把萬能鑰匙，能打開一切存在的鎖**。覺察的意思是你活在一個片刻接著一個片刻當中，隨時都保持警覺，不但意識到自己，也意識到周遭正在進行的一切，並且隨著每個當下的發生做回應。

你就像一面鏡子，反映出事情的樣子，你的反映是如此忠實，出於你的反映中的動作都會是正確的，因為它符合真實，而且與存在的關係是和諧的。你的作為並不是由你決定的，因為並沒有做的人，它是從整個情境中所衍生的：事情的狀況、你自己和所有的一切，全都有參與，然後從那整個一切衍生出你的作為，那不是你的作為，不是你的決定。你沒有那樣想，以你的個性也不會那樣做，並不是你在做，你只是允許它發生。

就像你在早晨的時候去散步，日出還沒升起，你在半路上遇到一條蛇，你沒有時間思考，只能反映當時的狀況——你沒有時間去想做什麼或不做什麼——你立刻就跳開來！記下這個字眼「立刻」，連一秒鐘都不閃失，你立刻就跳到路的另一邊。

事後你可以坐在樹下想這件事情，回想發生了什麼事、你是怎麼做的，你可以拍拍自己的胸口，慶幸自己做的好，但是，事實上你並沒有做這件事，它是自己發生的，從整個情境中發生：你、蛇、死亡的危險、生命求自保的本能……其他一千零一件的事牽涉在其中，是整個狀況導致了你的行為，你只是一個媒介。

這時候的行為是恰當的，你並不是做的人，套句宗教上的說法，我們說：是神透過你在行事，那只是一種宗教上的表達方式：整體透過局部而表現。

這就是美德，你永遠不會感到後悔，這種行為真的是一種自由，當它發生後，它就過去了，你又是自由的，你的腦袋裡不會一直再去想這件事。它既不會成為你心頭上的記憶，也不會留下任何傷痕，就是這麼的自自然然，你將看不到一絲痕跡。這樣的作為從來不會演變成為「業」，這樣的作為從來不會在你裡面留下任何銘印。會變成「業」的行為不是真的行為，而是一種反應，反應是來自過去、記憶、思想的，你是做決定、做出抉擇的人，那不是因為你的覺知，而是因為你的無意識，那全都是罪過。

我所要傳達的訊息是，你需要的是意識，而不是性格(character)。意識是真實的，性格是假的存在體，需要性格的人，是那些沒有意識的人。假如你有眼睛可以看的話，你不需要拿枴杖來幫你摸索著找路；假如你自己看得見，你不會去問別人：「請問門在哪裡？」

之所以會需要性格是因為人們的無意識，性格只是潤滑劑，幫助你順利應付生活中的事。葛吉夫曾經說性格就如同緩衝器，在鐵路上，緩衝器被用來銜接兩個火車廂，以避免兩個車廂間的擦撞。或者它也像彈簧，車子裝了彈簧可以開得更順，因為彈簧有吸震的功能，所以又被叫做避震器，性格就像避震器。

人們被教導做人要謙卑，如果你學會了要怎麼謙卑，它就像是個避震器，你學會之後可以保護你對抗別人的自我，這樣他們就不會對你造成太大的傷害，因為你是一個謙卑的人。假使你的自我很強，你注定會一再受傷害，因為自我是很敏感的，於是你用謙卑的毯子蓋在自我上面，這麼做能幫助你平順地經過事情，但是你沒辦法蛻變。

我的工作涵蓋著蛻變，這是一所教導煉金術的學院，我要你從無意識蛻變成有意識，從黑暗蛻變成光明。我不會給你性格，我只能給你洞見與覺知，我要你活在每一個片刻中，不是依據我、社會或教堂給你的一套模式，而是依據你自己意識的那一盞小燈去過生活。

自然地去回應每一個片刻。出於性格行動的意思是，你對生命所有的問

人們被教導做人要謙卑，於是你用謙卑的毯子蓋在自我上面，這麼做能幫助你平順地經過事情，但是你沒辦法蛻變。

題都有準備好的解答，所以每當一個情況出現的時候，你根據既定的模式去回應。既然是根據準備好的答案回覆，那就不是真的回應，那只是反應。

出於性格的人反應，出於意識的人卻回應，他會接受當下發生的狀況，如實地反映出事情本來的樣子，再從那個反映中行動。出於性格的人反動，出於意識的人行動，前者是機械化的，像個機器人般行事，他腦子裡裝著一台充滿資訊的電腦，你問他任何事情，他能印出一堆已經準備好的答案給你。

有意識的人只是在當下行動，而不是出於過去或記憶，他的回應中有著一種優美與自然，並且他的回應也忠於事情所發生的樣子。出於性格的人永遠趕不上生命的腳步，因為生命不斷在變動，沒有一刻是一樣的，但你的答案卻總是一樣，沒有任何長進，答案是無法成長的，是固定僵化的東西。

小時候別人告訴你某件事，那件事還留在你腦海裡，在你長大之後，你的生活變了，但是那個由你的父母、老師、神父告訴你的答案還是在你裡面。

要是發生了什麼事，你會因為那個五十年前別人告訴你的答案做出行動。在五十年的時間裡，無盡的水已流逝過恆河，你的生命已經完全改觀了。

赫拉克萊特斯說：你無法踏入同一條河流兩次。我告訴你：你甚至無法踏入同樣的河流一次，因為河流的速度是那樣地快。

性格是停滯不動的，就像一池發臭的水，意識則是一條河流。

那就是為什麼我不給人們任何行為的規範，我給他們眼睛去看，讓他們從意識中去反映，給他們鏡子一般的本質，讓他們在發生的事情中能夠回應。我不告訴他們該做什麼和不該做什麼這種細節。假如你要給他們戒律的話，你所列出來的將會不只十條，因為生命是非常浩繁的現象。

在佛教的典籍裡，對於佛教的僧者有三萬三千條的規定，想想看三萬三千條的規定！對於曾經發生過的任何情境，他們已經設好答案了。可是，你要怎麼記得住三萬三千條規定？一個精明到能夠記下三萬三千條規定的人，一定能找到漏洞，要是他不想遵守某項規定，他總想得到辦法不去照做，或是他想做某件事情，他也一定找得到方法去辦到。

有意識的人只是在當下行動，他的回應也忠於事情所發生的樣子。出於性格的人永遠趕不上生命的腳步，因為生命不斷在變動。

我聽說過一個基督教的聖人的故事：有個人打了這位聖人一巴掌，因為他在那一天早上演講時講到：「耶穌說如果有人打你一巴掌，你要把另外一邊的臉再讓他打一巴掌。」

這個人想要試試聖人是否能做到自己所說的話，所以他真的去打他，而且下手不輕。聖人也果真如他自己所說的，把自己的另外一邊臉給他，不過這個人也不是省油的燈，他第二次打的力道更重，然後他很驚訝，因為這一次聖人卯起來將他痛扁一頓。

那個人說：「你在幹什麼？你是聖人耶，而且就在今天早上你在演講裡自己講到的，如果有人打你一巴掌，你要再把另外一邊的臉再讓他打一巴掌。」

聖人說：「沒錯，不過我並沒有第三邊臉，而且耶穌也沒說打完兩邊臉以後的事，我現在是自由的，我想怎麼做就怎麼做，耶穌並沒有說後面該怎麼做。」

同樣的事也一模一樣發生在耶穌身上過，有一次耶穌告訴一個門徒：「要寬恕七次。」那個門徒說：「好的。」耶穌聽他說「好的」樣子有點令他懷疑，於是他又說：「我說的是七十七次。」

門徒聽了有點受到影響，不過他還是說：「好的——因為數字不會只到七十七就沒有了，那七十八呢？第七十八次時我總可以自由地做我愛做的事吧？」

你能為人們立下多少規矩？那麼做是愚蠢、無意義的。那就是為什麼宗教裡的人並沒有宗教品質，因為他們怎麼樣都能找到那些戒規裡的漏洞，他們永遠能找到走後門的方式。依據性格行事的人，他們頂多只能給你看一層薄薄的假面具，只要去摳一摳你聖人的臉，你會發現一隻動物隱藏在面具後方，他們表面上看起來很好看，不過那只是表面。

我不要你成為膚淺的人，我要你有真才實料。不過，真正的改變是經由你的本質核心，而不是在表面做做工夫而已。性格是一張表面彩繪的面具，

真正的改變是經由你的本質核心，而不是在表面做做工夫而已。性格是一張表面彩繪的面具，意識才是你核心的蛻變。

意識才是你核心的蛻變。

當你一看到自己的錯誤時，那些錯誤就會像乾枯的葉子一般散落，然後，就不需要再做什麼，看清楚它們就足夠了。只要覺察到你所做的錯事，那就夠了，就在你的覺察當中，它們開始消失、揮發。

只有當一個人沒有意識到自己的錯誤時，才會一再犯同樣的錯。無意識是重蹈覆轍的必需要件，就算你試著想改變，也只是換個形式或樣子去犯同一個錯誤，你只是換湯不換藥。你將會改裝，或用替代品，但你無法丟掉它，因為你根本沒看出那是個錯誤，別人說不定會告訴你你的錯誤，因為他們看得出來……

那就是為什麼每個人都認為自己有多麼優秀、多麼聰明、多麼清高、多麼神聖，但沒有人同意他的看法！理由很簡單：當你看別人的時候，你看到他們實際的樣子，但對於你自己，你帶著夢幻、美夢。你對於自己的認知或多或少就像是個神話，與現實一點關係都沒有。

當一個人看到自己的錯誤，一個根本上的改變就啓動了，所以，歷代的諸佛總是只教導一件事——覺察。祂們不教你人格，人格是牧師、政客教你的，諸佛們教導你「意識」(consciousness)，而不是「道德良心」(conscience)。

道德良心是別人玩弄你的技倆，他們告訴你什麼是對與錯，將這些想法灌輸在你身上，而且是從小就開始灌輸你，那時你是如此地天真無邪、如此敏感、如此脆弱，要塑造你很容易。你從一開始就受到他們的制約，那個制約叫做「道德良心」，那個道德良心控制了你往後整個人生。道德良心是社會奴役你的策略。

諸佛教導意識。意識是指你並不從別人那裡學習什麼是對的，什麼是錯的。你不需要向任何人學習，你只要進入內在，單單是內在的個人之旅就足夠了，你走得愈深入，就會有愈多的意識被釋放出來。當你到達自己的核心時，你是那樣大放光明，黑暗根本不存在。

當一個人看到自己的錯誤，一個根本上的改變就啟動了，所以，歷代的諸佛總是只教導一件事——覺察。

當你在你的房間裡點上燈時，你並不需要去趕走黑暗，眼前的燈已經足夠，因為黑暗只是因為沒有光的存在，你之所以失去理智，還有你的瘋狂也是同樣的道理。

有一個穿著打扮像希特勒的人去找一位心理醫生。

「你可以看得出來，我根本一點問題都沒有，」這個男人說，「我有世界上最好的軍隊，還有享用不盡的財富，你可以想像我過著多麼舒適豪華的生活。」

「這麼說來，你會有什麼問題？」醫生問他。

「是我老婆。」這個人說，「她以為她是魏坲夫人(Mrs. Weaver)。」

不要取笑這個可憐的男人，他不是別人，正是你。

有一個人走進一家裁縫店裡，他看到某個人正隻手將自己吊掛在天花板的正中央。

「他吊在那裡做什麼？」這個人問裁縫師。

「喔，不用理他，」裁縫說，「他以為自己是一顆電燈泡。」

「怎麼你不告訴他，他並不是電燈泡？」這位客人有點吃驚。

「什麼？」裁縫師回答，「然後讓我摸黑工作不成？」

當你看到自己的瘋狂，你就不再是瘋狂的，這就是看一個人有沒有瘋的唯一標準。同樣的，當你知道自己的無知，你就變成有智慧的人。

底爾菲城(Delphi)的祭司宣布蘇格拉底是全世界最有智慧的人。有幾個人衝去告訴蘇格拉底說：「好消息！好消息！底爾菲城的祭司已經宣布說你是世界上最有智慧的人。」

蘇格拉底說：「那是胡說八道，我只知道一件事，就是我什麼事都不懂。」

當你看到自己的瘋狂，你就不再是瘋狂的，當你知道自己的無知，你就變成有智慧的人。

那幾個人覺得很不解，他們回到神廟裡向祭司說：「你說蘇格拉底是世界上最有智慧的人，可是他卻否認這件事，還反過來說他根本是無知的人。他說他只知道一件事，就是他什麼事都不懂。」

祭司聽了之後笑了起來，他說：「那就是為什麼我宣布他是全世界最有智慧的人，原因正是在於他知道自己的無知。」

無知的人相信自己是有智慧的，瘋狂的人才會以為他們是清醒的。我們總是向外看，這是人性的一部分，我們看著所有人，除了我們自己，所以我們對別人的了解多過對自己的了解。我們對自己一無所知，不知道自己的頭腦是如何運作的，從沒有往內觀察自己。

你需要做一百八十度的轉向，靜心所做的就是這個轉向。你必須閉上眼睛開始往內看自己，剛開始你只會看到黑暗，許多人會嚇跑，因為表面的地方才有光。

是的，外面有光，不過那個光將無法讓你也一起發光，那個光一點也無法幫助你。你需要內在的光，那道光的來源是在你的本質裡，而且不會被死亡給熄滅，那道光是永恆的。你擁有那道光，你有那個潛能讓它燃燒起來！你天生就帶著它，只是你將它放到身後去，從沒看過它一眼。

原因在於，好幾世以來你只向外看，那是一個機械性的習慣。連你睡覺的時候，你都只看著你的夢，而夢是外面的反射。當你閉上雙眼在做白日夢或當你在思量些什麼時，那表示你的興趣也是在外面。這是你長期以來的習慣，期間甚至不曾有任何片刻的中斷，也沒有一扇小窗，讓你能看進自己的本質裡，看看自己是誰。

在一開始的時候，那是個艱鉅的掙扎，是很困難，但並非不可能。假如你能果敢一些，假如你承諾自己要探索內在，那遲早就會發生。你只要不斷去下工夫，不斷地和黑暗奮鬥，很快你就會通過考驗，進入光明的境界。那時的光是真正的光，遠比太陽或月亮的光還真實，因為一切外在的光都是暫時的。連太陽也會有耗竭的一天，不只是一盞小燈在經過徹夜燃燒後會在早

你需要內在的光，那道光的來源是在你的本質裡，內在的光是永恆不滅的，它既沒有起始，也沒有結束。

上熄滅，就連能源巨大的太陽也每天在消耗當中，遲早會變成一個黑洞，不再有任何光與熱，不管它能活再久，都不是永恆不滅的。

內在的光是永恆不滅的，它既沒有起始，也沒有結束。

我沒有興趣告訴你去揚棄你的錯誤，然後去改進自己的性格，做一個好人，不，我一點都不想那麼做。我對你的性格根本沒有興趣，我只對你的意識有興趣。

讓自己變成警覺、有意識的，往自己的內在一直不斷地深入，直到你發現你存在的核心。你住在表層的地方，那裡是使你痛苦的地方。當你進入自己愈深，愈多的寧靜將會散布開來，在那些寧靜、光明、喜悅的體驗之中，你的生活開始進入一個不一樣的次元，曾有的失誤與錯誤開始消失不見。

所以不用擔心那些失誤與錯誤，只要關心一件事、一個現象，將你的能量投注在一個目標，那就是要如何更有意識，要如何更覺醒。假如你將你一切的能量全部都投進去，它一定會發生的，這是無可避免的事，因為這是你與生俱來的權利。

倫理與道德所關注的是好與壞，例如一個誠實、真實、誠懇、可靠的人是好人——根據倫理與道德而言。

一個有覺知的人不但是好人，他還遠超過好人。對一個好人來說，「優秀」就是一切；對一個覺知的人來說，「優秀」只是一個附屬品。當你意識到你自己的本質，你不可能不優秀，那時你並不需要任何努力要成為一個好人，那是你自然的呈現，正如樹木是綠色的，你是優秀的。

但是好人不見得是有覺知的人，他的優秀是很辛苦才得到的，因為他必須和壞的特質奮戰，例如說謊、偷竊、不老實、激進，這些都在好人的身上，只不過他將它們壓下去，這些被壓抑的特質任何時候都可能會爆發出來。

好人很容易就搖身一變成為壞人，因為他身上帶有那些被他努力壓抑下去的壞特質，那些壞的特質平常只是處在蟄伏狀態罷了，一等他鬆懈下來，

好人很容易就搖身一變成為壞人，因為他身上帶有那些被他壓抑下去的壞特質，那些壞的特質平常只是處在蟄伏狀態罷了。

它們就會跳出來。而且那些好的特質只是被培養出來的而已，他不是天生就是那個樣子，他很努力地試著不要說謊、要誠懇、要誠實，但是那一直是個努力，而且很累人。

好人永遠都很嚴肅，因為他隨時都在擔心害怕那些被他壓抑的壞特質。他的嚴肅是因為他心裡希望能因此而被嘉獎，他所渴望的是受人的敬重，你所謂的聖人絕大部分只是「好人」。

要超越「好人」只有一種方法，那就是讓自己更覺察。覺察不是要去培養出來的，它已經在那裡，只需要你去喚醒它。當你將它完完全全喚醒之後，一切你所做的都是好的，一切你不做的都是不好的。

好人必須萬分努力才能做好事，避免做壞事。壞事對它來講是一個經常性的誘惑，那是一個選擇，時時刻刻他都必須選擇當好人，不能選擇做壞事。例如，像甘地這樣的人是一個好人，終其一生他都努力地要待在好的那一邊，但是，甚至到了七十歲，他作夢還會夢到性，苦惱的他說道：「就清醒的時候來說，我可以完全不受性的影響，可是睡覺的時候我能怎麼樣？所有白天壓抑的東西到了晚上就會跑出來。」

這顯示出一件事，那些被壓抑的東西沒有跑去別的地方，而是一直在你裡面等待著，等你一鬆懈下來，等你不再努力的時候——至少睡覺時的你是這樣的——所有你壓抑不做的壞事開始出現到你夢中，你的夢所呈現的是你壓抑的欲望。

好人總是處在衝突之中，他的生命不是歡欣喜悅的，因為他笑的時候不能痛快的笑，唱歌的時候不能痛快的唱，跳舞的時候不能痛快的跳，什麼事他都要批判一番，他有滿腦的譴責與批判，因為他自己很努力的要當好人，他也用同樣的標準評斷別人。他不能接受你本來的樣子，除非你有達到他那些當好人的條件。由於他無法接受別人本來的樣子，他就說人們的不是。你的聖人們對別人都是充滿批評的，就他們而言，你是有罪的人。

好人總是處在衝突之中，他的生命不是歡欣喜悅的，因為他自己很努力的要當好人，他也用同樣的標準評斷別人。

一個真誠的、有宗教品質的人不會這樣，他不會有批判、不會有譴責。他知道一件事，沒有所謂好的行為，也沒有所謂壞的行為，只有覺知或不覺知這回事。甚至，你可以無意識地去做某件事，那件事在世人的眼中是件好事，但對有宗教品質的人而言卻不是如此。你或許做了某件壞事，而被全世界的人臭罵，除了有宗教品質的人例外，他並不會怪你，因為你是無意識的，你需要的是慈悲，而不是批判。你並不該下地獄，世上沒有人應該下地獄。

你的覺知必須來到一個頂點，了解並沒有選擇或不選擇的問題，你只是出於純真為善，就像你的影子跟隨著你一樣自然，沒有特別努力。當你跑時，影子就跟著你跑；當你停下來，影子就跟著停下來，影子並沒有絲毫的努力。

有覺知的人跟好人是不一樣的，他本來就是好人，但是他好的方式是那麼不同，他做事情出發的角度是那麼不同。他的好不是因為他的努力，他的好是因為他有意識。在意識當中，一切壞的、邪惡的、譴責性的字眼都會消失，如同黑暗消失在光明中。

宗教決定只要道德，宗教裡的道德規範對社會有用，但對你、對個人沒用，那是社會所創造出來的方便，當然了，如果大家都去偷竊的話，日子就難以過下去；或是大家都不誠實，你根本無法生存。所以在最基本的層面上，道德規範是社會所需要的，有它的實用性，不過並不是一個宗教性的革命。

不要滿足於只做個好人。

記得，你必須來到甚至不需要去想什麼是好、什麼是不好的境界。你的覺察、你的意識直接會帶你朝向好的事情，你無須壓抑。我不會說甘地是個有意識的人，他只是一個好人，他真的很努力要當好人，我對他想當好人的意圖沒有質疑，不過他太執著於那件事了。

一個有覺知的人不會執著於任何事，他沒有執著。他只是靜靜地放鬆，他是沉著穩重的，從他的寧靜當中所開出的花都是好的，永遠都是好的，他活在一個沒有選擇的意識當中。

你的覺知必須來到一個頂點，了解並沒有選擇或不選擇的問題，你只是出於純真為善，就像你的影子跟隨著你一樣自然，沒有特別努力。

要超越世俗認定的好人，你既不好，也不壞，你只是警覺、有意識、覺察著，然後隨之發生的不管是什麼都會是好的。換一個方式說，你在自己完全的覺知中成就了神性，你的好，只不過是神性的一個小小的副產品。

宗教一直教你要做一個好人，這樣你有一天才會找到神。那是不可能的，從來沒有一個好人知道什麼是神。我所教導的正好反過來，先找到神性，你自然就會是好的。當你的好是自然到來的時候，你會有一種美麗與優雅，你很單純，也很謙卑。你的好不會要求現在或將來要得到任何回報，因為它本身就是自己的回報。

第四章 觀照的實驗

覺知的成長是緩慢的，
但是它會成長，只要你有耐心。
將觀照變成是你內在持續的進行式……
你將為自己整個生命品質所發生的改變，感到驚奇。

人們只觀察別人，卻從來不去觀察他自己。每個人都在觀察別人，看人家做什麼，看人家的穿著打扮，看人家的長相……那種觀察是最膚淺的。大家都在觀察，這不是你生活中的新鮮事，只是你必須再深入你的觀察，把別人抽離，對準你自己的內在情感、思維、心情去觀察，還有最後的——觀察這個觀察者本身。

有一個猶太人坐在火車上，坐在他對面的是一位神父。「閣下，請告訴我一件事。」猶太人問道：「為什麼您的衣領是反過來穿的？」

「因為我是一名神父(father)。」神父回答。

「我也是一個父親(father)，但我的衣領就不那樣穿。」

「喔，」神父說：「不過我是許許多多人的神父(父親)。」

「這樣說來，」猶太人回答：「或許您的褲子應該反過來穿才是。」

人們對於別人倒是觀察得很入微。

兩個男人一起出去散步，忽然間下起雨來。

「快點，」其中一個人說：「快把你的傘撐開。」

「沒用的，」他的朋友回答：「我的傘有很多破洞。」

「那你為什麼要帶一把破傘出門？」

「因為我以為不會下雨。」

要取笑別人荒謬的行為很容易，不過你是否曾經笑過你自己？是否曾經逮到自己正在做荒謬的事情？沒有，你完全沒有觀察自己，你所觀察的對象都是別人，那是沒有用的。

延長覺知的時間

假如在你面前擺了一隻有秒針的手錶，然後你將視線專注在秒針上，你會驚訝地發現：你無法持續保持記住觀照，甚至連一分鐘都無法堅持。也許

你必須再深入你的觀察，把別人抽離，對準你自己的內在情感、思維、心情去觀察，還有觀察這個觀察者本身。

十五秒鐘、二十秒鐘，最多三十秒鐘你一定會忘記，你會迷失在其他的想法中，然後又忽然想起你正試著要記住。即使只是一分鐘的時間，要在那一分鐘裡維持不斷的覺察都很難，所以你必須知道這不是兒戲。

在你開始試著要去記住生活中許多的小事情時，你必須知道你一定會經歷一再的遺忘，念頭會跑去毫不相干的另一件事，當你再度想起的時候，不要有罪惡感，罪惡感是一種陷阱。

要是你開始覺得有罪惡感，你就無法回來你正在練習的覺察。沒有必要內疚，忘記是正常的；也不要懊悔，這種狀況發生在每一個求道者的身上，是自然的。將它視為自然的狀態，接受它，不然你將會掉入懊悔的陷阱中，帶著罪惡感的話，你會連幾秒鐘的時間都無法記住，你會一直遺忘。

實際上，耆那教大師馬哈維亞(Mahavira)曾説，如果一個人能連續不斷保持覺知達四十八分鐘，那就夠了，這個人將會成道，沒有人能阻止他成道。

他是歷史上第一位研究出這件事的人。只要四十八分鐘，但就算是四十八秒鐘都很不容易！因為有那麼多的干擾……

不必愧疚，沒有後悔，當你發現自己已經忘記覺知時，只要回來。只要回來，然後重新再開始，不要為了已經灑掉的牛奶哭泣，那麼做是愚蠢的。

這件事會需要很多時間，不過，你慢慢地會注意到你愈來愈警覺。也許你可以做到一分鐘，也許是兩分鐘，能持續維持覺知兩分鐘是一件令人欣喜的事，但是別停在那裡，以為自己做了一件了不起的事，不然那會變成你的障礙，人們常常會迷失在這些模式裡，只不過是一點點的收穫，他們就以為自己已經到家了。

慢慢地持續下工夫，要有耐心，不必急，你有無盡的永恆供你使用，不要圖快，缺乏耐心對你沒有幫助。覺知不是像季節性的花，可以在六個星期後開花，然後就凋謝了。覺知就像是黎巴嫩西洋杉，要花上幾百年的時間成長，樹齡可達數千年之久，可以長到一百五十呎、兩百呎高，看上去高聳直入雲霄。

覺知的成長是緩慢的，但是它會成長，只要你有耐心。假如你全身上下都是放鬆的話，你的覺察力將會加深得更快。

覺知的成長是緩慢的，但是它會成長，只要你有耐心。

當覺知成長的時候，你會開始感覺到許多從前不曾感覺過的東西。例如你會覺察到你的身體攜帶著不少壓力，以前你都不知道那些壓力的存在，因為那是非常細微的。現在你能覺察到了，能感覺出那些隱約的壓力，所以當你的身體有任何緊張時，就去放鬆那個部分。假如你全身上下都是放鬆的話，你的覺察力將會加深得更快，因為壓力是覺知的障礙。

隨著你的覺察又更深入一些時，你將會驚訝地發現，原來你並不只在睡覺時作夢，連你沒有睡覺的時候，都還有一道夢的暗流在底下，就在你清醒的表面下進行著。閉上眼睛，你將會看到某些夢像雲一般漂流過。

只有當你有一點覺知的時候，你才能看得出你的清醒並不是真實的。你的夢在那裡飄動著，人們叫它做白日夢，當他們坐在椅子上閉目休息的時候，白日夢馬上就會出現，他們開始在想自己變成一國元首，或他們在做什麼豐功偉業——任何事情。你並不是一國元首，但由於夢對你是有意義的，所以儘管實際上你不是，那個夢還是會繼續下去。覺知會使你意識到在你清醒時出現的種種白日夢，不過它們會開始漸漸消散，正如你將光明帶進黑暗中，黑暗就會不見一樣。

無形的觸碰

無論你正在做什麼事情：走路、坐著、吃飯，或是你也沒有特別做任何事，只是躺在草地上呼吸、放鬆、休息，從來都別忘記：你是一個觀照者。

你將會一再地忘記這件事，你將會陷入某個想法、感覺、情緒、心情當中，隨便什麼事都會干擾你的觀照。記住，立刻回到觀照的中心。

將觀照變成是你內在持續的進行式……你將為自己的整個生活品質所發生的改變感到驚奇。我可以毫無意識地移動我的手，也可以從內在對於整個移動有清楚的觀照，這兩種移動的方式是全然不同的，第一種是機械式的，就像機器人，第二種是有意識的。當你是有意識的，你從內在感覺著那隻手，當你沒有意識的時候，你只是從外面知道那隻手。

對於你的長相，你所有的認知只是鏡子裡的自己，那是從外面知道的，因為你不是一個觀照者。假如你開始觀照，你將會從你的裡面來感覺你的臉，能從裡面來看你自己是一個強烈的經驗。接下來會有一些奇特的事情開始發生，念頭不見了、感覺不見了、情緒不見了，有一股靜謐的氛圍環繞著你，你就像一座在寧靜之洋中的小島……你只是一個觀照，只是一道在你的本質中燃燒的火焰，將你整個人照耀得熠熠生輝。

剛開始那只是一種內在的經驗，再來，你逐漸會看見那個光芒從你的身上散播開來，那些光束也會照耀到別人。你將訝異地看到，那些有一點敏感度的人會立刻覺察到自己被某種東西碰觸到。

比方說，你正在觀照你自己，你隨便走到某個人的後面，然後觀照你自己，幾乎可以確定那個人會沒來由地就回過頭來看。當你在觀照你自己的時候，你的觀照會開始散發出去，一定會碰觸到你前面的人，假如那個人被一個看不見的東西觸及到，他肯定會回頭看看是怎麼回事，而其實你跟他有點距離，你連手都沒有碰他一下。

你可以做一個實驗：某個人在睡覺，你只是去坐在他的旁邊觀照自己，那個人會忽然醒過來，睜開眼睛向四周張望，看是否有人在碰觸他。慢慢地你也能經由光去感覺到碰觸，那就是所謂的「震動」(vibe)，它並沒有看得見的實體，但對方能感覺得到，你也能感覺得到你接觸到了對方。

英文裡有一個說法叫「被觸動」(being touched)，這個用法十分有意義。當你說：「我被那個人所觸動到」的時候，或許你並不懂得觸動的意思。也許他一句話都沒有對你說，也許他只是經過你身邊而已，也許他只是看了你一眼，而你覺得被那個人「觸到」(touched)，那不是文字上的形容，而是真實發生的事。然後，那些光不斷地散播給人們、動物、樹木、石頭……有一天，你將會看到，你從裡面觸碰著整個宇宙。

內觀法門

佛陀的法門是內觀(vipassana)，內觀的意思是觀照。祂發明出有史以來最偉大的方法，也就是觀照呼吸的方法。呼吸是很簡單又自然的事情，而且一天二十四小時都在那裡，你不必花任何努力。如果你複誦咒語的話，那麼你就必須強迫自己去努力，如果你說「拉瑪(Ram)，拉瑪，拉瑪」，你必須不斷地操磨自己，同時又不斷遺忘，更重要的是，拉瑪這個字眼又來自頭腦，而任何頭腦的東西永遠無法帶領你超越頭腦本身。

佛陀發現了一個大不相同的角度，只要觀照你的呼吸——吸氣進來，呼氣出去。有四個觀照的點。

靜靜地坐著，只是開始看著呼吸，感覺呼吸。當吸氣進來時，這是第一個點；然後，吸進來的氣到了某個時候會停下來，停止的時間很短暫，這是第二個觀照的點；接下來，氣轉為呼出去，這是第三個觀照的點；等氣完全呼盡時，在它短暫停止的時候，這是第四個觀照的點。然後，吸氣又再度開始……這就是呼吸的循環。假如你能夠觀照這全部的四個點，你將會對這麼一個小小的過程所產生的奇蹟感到驚奇與驚嘆——因為頭腦不在了。

觀照不是頭腦的特質，觀照是靈魂、意識的特質，觀照一點都不是一個心理過程。當你觀照的時候，頭腦停止了；當然，在剛開始的時候頭腦會經常介入，開始玩起它的老把戲，於是你忘了觀照；但每當你想起來的時候，不必覺得愧疚或罪惡，只要回到觀照，一次又一次地回到觀照你的呼吸，頭腦會慢慢、慢慢地愈來愈少介入。

當你能夠連續不斷觀照你的呼吸達四十八分鐘，你將會成道。你覺得很驚訝——真的只要四十八分鐘就好了嗎？因為你以為這沒什麼難的……不過是四十八分鐘！這件事非常不容易，光是在四十八分鐘之內，你就已經淪為頭腦的受害者不知道多少次了！只要拿一隻手錶放在你面前試試看就知道，一開始你連六十秒都沒辦法保持觀照，才六十秒而已，不過一分鐘的時

一旦你體嘗到觀照的那幾個片刻時，你會想一再地回來，沒有任何目的，只是純粹為了存在的喜悅、為了活著呼吸。

間，你會陷入昏睡許多次，完全忘記觀照這件事，手錶和觀照兩件事你都忘掉了。你被某個念頭帶到遠方，然後突然間你想起來……你看了一下手錶，發現已經過了十秒鐘，你有十秒鐘的時間沒有在觀照。

但是，漸漸地——這是個祕訣而不是練習——漸漸地，你將會吸收這個祕訣。因為當你觀照的那幾個片刻，你是那麼地優雅，那麼地喜悅，一旦你體嘗到那些片刻時，你會想一再地回來，沒有任何目的，只是純粹為了存在的喜悅、為了活著呼吸。

請記住，這與瑜伽所做的不同，在瑜伽中有一個呼吸方式叫做「普那揚」（**pranayam**，調整呼吸之意），兩者是截然不同的方式，事實上，普那揚正好與佛陀所說的內觀法門相反。在普那揚裡，你做深呼吸，直到你的胸腔漸漸充滿了氧氣，接著你一口氣將所有的二氧化碳吐光；這是一個身體上的練習，對身體滿不錯的，但和內觀法門一點關係都沒有。

在內觀法門當中，並不去改變你自然呼吸的韻律，既不做又深又長的吸氣，也不用異於平常的方式吐氣，就讓它完完全全的正常、自然。你的整個意識必須放在一點上——觀照。

如果你能觀照你的呼吸，接下來你也可以開始觀照其他的事情。走路的時候，你可以觀照走路，吃飯的時候，你可以觀照吃飯，最終極的時候，你可以觀照你的睡眠。到了你能夠觀照你的睡眠時，你就會被送往另一個世界，身體繼續睡覺，內在的一盞燈仍繼續熾熱地燃燒著。你的觀照保持不受干擾，於是一天二十四小時當中，觀照的暗流都一直持續著。你依然做著你的事……外在的世界一切沒變，但對你而言一切都已改變。

有一位禪師正在井邊打水，一個熱中求道的人聽聞過這位禪師之後，便遠道前來找他。他見到這位禪師之後，問道：「請問要到哪裡我才能找到某某師父？」他還以為這位眼前正在打水的人是僕人，因為你從沒見過哪一個佛去井邊挑水或在擦地板。

師父笑道：「我就是你要找的人。」

這位求道者感到難以相信，他說：「我已經久仰您的大名，可是，我很難想像你會來井邊挑水。」

師父說：「不過，這是我開悟以前就在做的事：挑水、砍柴，我以前都在做這些事，我現在還是在做這些事，挑水和砍柴是我的專長。跟我來，等一下我要砍柴，你來看我砍柴！」

「那會有什麼不一樣？這兩件你開悟前在做、開悟後也還在做的事，會有什麼不同？」

師父又笑了，他說：「不一樣的地方在內在。以前，我是在昏睡中做所有的事，現在，我做每件事時都是有意識的。雖然做的事情不變，但我已經不同，由於我已經不同，這世界也跟著不同。」

蛻變必須發生於內在，這是真正的棄世：舊的世界已經不在，因為舊的你已經不在。

夢中觀照

作夢與觀照是完全迥異的兩個現象，只要試試一件事：每天晚上你準備去睡覺時，就在你半睡半醒、快要睡著的時候，你對自己重複一句話：「我將會記得那是一個夢。」

一直重複說這句話，直到你睡著為止，這麼做會花上幾天的時間，不過有一天你會驚訝地發現，一旦這個念頭沉入到無意識裡，你就可以把夢當成夢觀照，夢就不會抓著你。漸漸地，等你的觀照更加敏銳的時候，你就不會作夢了，夢是很害羞的，只存在於無意識的暗處，因為它們不想被看到，所以當觀照帶來光明的時候，夢就開始消失。

持續不斷地做這個練習，你就可以擺脫作夢，你會訝異原來擺脫作夢其實有許多含義：當你不再作夢，白天時，你的頭腦將不會像從前那麼聒噪。其次，你更能活在當下，而不是在未來，或者在過去。第三，你在行動當中的投入會全然且更加強烈。

作夢是一種病，人因為有病而需要作夢。當你可以不作夢時，你將會擁有一種全新的健康、全新的觀點。

作夢是一種病，人因為有病而需要作夢。當你可以不作夢時，你將會擁有一種全新的健康、全新的觀點。一部分你無意識的頭腦將會變成意識，於是你的個體性會變強。不管你做什麼，你都不會後悔，因為你很有意識，這使得後悔沒有出現的餘地。

觀照是你所能學到的最棒的魔術，它能開始蛻變你的整個存在。

當你開始觀照你的夢之時，你將會發現五種作夢的類型。

第一種夢只是垃圾，無數的心理學家只是在垃圾上打轉，根本是白費工夫，會做這種夢是因為你工作了一整天後累積了太多垃圾，就像你身體弄髒時需要洗個澡一樣，你需要清洗自己。頭腦也在累積灰塵，但是你又沒辦法幫頭腦洗澡，所以它有一個自動化的機制，好將所有的灰塵和垃圾丟出去。

夢不是別的，就是頭腦所丟出來的髒東西，這是第一種夢，而且是比例最高的夢，幾乎高達百分之九十。將近百分之九十的夢只是被丟掉的垃圾，別太重視它們，隨著你的意識成長，你將漸漸地能加以分辨。

第二種夢是一種願望的實現。你有許多需求，是自然的需求，但是你的頭腦受到神父及所謂的宗教導師的毒化，他們甚至不讓你滿足你的基本需要，他們譴責你的基本需要，你接受了那些譴責。於是，你的許多需要都在挨餓，它們會要求被滿足，第二種夢不過是為了完成你的心願。由於其他人所下的毒，造成你抹滅了自己的需要，無論被抹滅的是什麼，頭腦總會想辦法在夢中得到滿足。

你應該看的是你所需要的是什麼，而不是看它的意義。意義是屬於意識的頭腦，而需要是無意識的，那也正是第二種夢會存在的原因。你一直切斷你的需要，所以頭腦只好在夢裡尋求滿足。

你曾經讀過偉大的書籍，你的想法受到作者的誤導，他們將你的頭腦塑造成某種樣子，使得你不再對存在打開，你所讀的哲學使你變得盲目，使你切斷自己的需要。這樣一來，那些需要會在夢中顯露出來，因為無意識並不知道哲學是什麼，無意識不知道什麼叫意義與目的，它只知道一件事：去滿

去滿足你的需要，而不要去管你的欲望，假如你真的想得到幸福，就去滿足你的需要，而不要理會欲望。

足你的存在所需要的。

無意識會強迫自己作夢，這就是第二種夢，它的重要性值得你去了解，值得你去靜心冥想。無意識正試著要與你溝通：「別傻了！你會受苦的，不要讓你的存在挨餓，不要自虐，不要切斷你的需要，那是一種慢性自殺。」

記住：欲望屬於意識的頭腦，需要屬於無意識的頭腦，這當中的差異別具意涵，值得你加以了解。

欲望來自意識的頭腦，無意識並不懂欲望是什麼，不會去操心欲望。欲望是什麼？欲望來自你的思維、你的訓練、你的制約。你想當上一國的元首，無意識不會有意見，無意識沒有興趣當一國的元首，只有興趣成為一個被滿足的有機整體。

可是，意識的頭腦卻在說：「去當一國的元首，假使必須犧牲你的愛，那就犧牲吧；假使必須犧牲你的身體，那就犧牲吧；假使你必須犧牲你的休息時間，那就犧牲吧，先當上一國的元首再說。」或是賺很多很多的錢，那都是意識頭腦裡的東西。無意識不知道財富是什麼，它沒有受到社會的影響，就像動物、鳥類或樹木一樣的自然。無意識沒有被社會與政治人物所制約，依然保持純淨。

你要聆聽第二種的夢，去沉思冥想它，它將會與你溝通，告訴你你的需要是什麼。去滿足你的需要，而不要去管你的欲望，假如你真的想得到幸福，就去滿足你的需要，而不要理會欲望。假如你想過得痛苦，你就切斷需要，跟隨你的欲望。

那就是你痛苦的原因，這是個簡單的現象。無論你過得幸福還是痛苦，那都是一個非常簡單的現象。一個聽從自己需求的人，會像河水一樣最後流向海洋，一定會找到去海洋的路。河水不會說要流向東或流向西，它只是去找到自己的路，向東或向西都沒有差別。河水只知道流向海洋，不知道欲望，只知道需求。

超意識將會引領你朝向適合你的生活，朝向正確的紀律，那樣的夢會變成一個深度的內在指示。

那就是為什麼動物們會看起來那麼快樂，牠們一無所有，卻那麼快樂？而你擁有這麼多，卻這麼不快樂？從動物的美麗與幸福來看，牠們是比人優越的，為什麼會這樣？牠們沒有一個意識的頭腦去控制、操縱無意識，所以牠們不必活在分裂之中。

第二種夢對你顯示出許多意義，透過它，你開始改變你的意識，開始改變你的行為，開始改變你的生活模式。無論你的無意識說什麼，傾聽它表露你的需要。

永遠記得：無意識所說的話是正確的，因為它的智慧是歷經了你活過上百萬世後的淬煉。你的意識僅屬於這一世，被你的學校所訓練，被你恰巧出生所在的家庭與社會訓練。而無意識所攜帶的，是你所有活過的經歷——當你是一顆岩石、一棵樹、一隻動物的時候——它攜帶了你整個過去。無意識是極端富有智慧的，而意識的頭腦卻是極端愚蠢，事情一定是這樣的，因為意識只是來自這一世，很嬌嫩、缺乏經驗，所以很幼稚。無意識是永恆的智慧，你要聆聽它。

現今整個西方的精神分析界只鑽研這個領域：聆聽第二種夢，然後根據它去改變你的生命模式。許多人因此獲得幫助，雖然說這種方法有本身的限制，但有助於你更放鬆，讓你不會那麼緊張，幫助你聆聽第二種夢。

第二種夢是無意識在對你溝通，還有第三種夢，第三種夢是超意識在對你溝通的夢。第三種夢很少有，因為我們已經失去與超意識的連繫。或許它已經變成一朵雲，飄進天空裡蒸發掉了，或許離你很遙遠，但它依然在。

來自超意識的溝通很少發生，唯有當你變得非常、非常警醒的時候，你才會開始感覺到，不然，它將會遺失在頭腦所丟出的垃圾，以及頭腦所想滿足的希望——那些未完成、受壓抑的事情當中。你可能會失去它，可是如果你是覺知的，你會發現它就像一顆鑽石般光華耀眼，與周圍的石頭完全不同。

當你感受到並發現有個夢是來自超意識的，去觀照它、冥想它，因為它將會是你的指引，帶你找到你的師父。超意識將會引領你朝向適合你的生活，朝向正確的紀律，那樣的夢會變成一個深度的內在指示。跟隨意識的話，你所找到的師父只會是一個老師；跟隨無意識的話，你所找的師父只會是一個情人——你愛上某種人格特質的人。只有超意識會帶你找到正確的師父，他不是你的老師，你也不會為他神魂顛倒，而是，你被你的超意識帶向這個適合你的人，這個人將會提供你正確的機會成長，這個人可以成為孕育你的土壤。

接下來是第四種夢，這種夢來自前世，它發生的頻率不能算少，可以說是常常出現，但由於你內在一團亂的緣故，你分辨不出它來自前世。

在東方，我們已經深入研究第四種夢很久了，也由於這種夢，我們才會栽在投胎轉世的現象上。經由這類的夢，你漸漸地覺知到你的前世，你往回走，回到過去的時間裡。接著你將會發生許多轉變，當你能夠記得前世的自己是什麼樣子，就算只是在夢中看到而已，對你而言許多事情將會失去意義，然後許多新的事情將變得有意義。你生命中的整個形態將會改變，你的完形(gestalt)將會改變。

例如，在你的前世裡，你累積了太多的財富，你死的時候是全國最富有的人，但在你的內心深處裡，你是一個乞丐，由於這個緣故，你在這一世會再做一次同樣的事情。倘若你能想起以前你所做的事，以及那些事如何地化為烏有，你生命的形態將會在瞬間改變。你看到在許多的前世當中，自己一再地去做同樣的事，就像一台卡住的留聲機，陷在一個惡性循環當中，你發現自己這一生又是同樣的開場，同樣的結局。

在你看到自己的幾個前世之後，你會忽然很驚訝自己從沒做過什麼新鮮的事情。你一次又一次地攢錢，一次又一次地想掌握政權，一次又一次你變成非常博學多聞的人。你一再陷入愛河，一再為愛受苦……當你看見自己在重複這些事，你怎麼能還是一樣？你的這一世將會立刻改觀，不再活在舊有的模式當中。

那就是為什麼幾千年來東方人會一再問一個問題：「要如何擺脫這個生

脱離軌道，這種放開來、自由與冒險的存在、生活狀態，不是脱離社會，而是脱離你自己裡面那個生與死的輪子。

與死的輪迴？」似乎總是同一個輪迴、同一則故事一再重複上演。要是你不知道的話，你還以為自己所做的是新的事情，你還感到非常興奮，而我卻可以看出來你已經做過這些事情許多次了。

生命中沒有什麼是嶄新的，就像是一只走在同一個軌道上的輪子，因為你永遠不記得你的過去，你才會覺得興奮刺激，當你回憶起來的時候，興奮刺激就會頓時無影無蹤，在那樣的想起來當中，桑雅斯(sannyas)這種放開來、自由與冒險的存在、生活狀態就發生了。

桑雅斯是脱離軌道的努力，是跳出軌道的努力，是對你自己說出一聲：「已經夠了！從現在起我不會再參與舊鬧劇的演出，我要退出了。」桑雅斯是完美的脱離輪子，不是脱離社會，而是脱離你自己裡面那個生與死的輪子。

這是第四種夢。

最後一種夢——第五種夢。第四種夢是回到過去，第五種夢是進入未來。這種夢不常見，且十分稀有，當你極端脆弱、敞開，當你很有彈性時才發生。過去會產生陰影，未來也會產生陰影，這兩者都在你裡面反映出來。如果你能意識到你所做的夢，總有一天你也將會意識到這一個機會，你發現未來正看著你，一扇門忽然打開，未來與你有一場對話進行。

這些是夢的五種類型，現代心理學只知道第二種，而且經常將它與第一種混為一談，其他三種幾乎很少人知道。

當你靜心，而且已經在夢中覺知到你的內在本質，許多事情將會開始發生。第一件就是，當你逐漸能覺知到你的夢時，你清醒時所看見的事實就不再能說服你，正是因為這樣，印度教徒才說這世界就像一個夢。

就現在而言，事情正好相反。因為你被清醒時所看見的事實說服，當你在作夢的時候，你也以為那些夢是真實的。沒有人在作夢的時候會認為夢不是真實的，當你作夢的時候，夢看起來是絕對完美、絕對真實的。到了早上，你當然會說那是一個夢，但那不是重點，因為此刻換另一個頭腦在運作。此刻的頭腦當時並沒有目睹到夢境，只聽到謠傳。這個意識的頭腦早上醒過來

事實加上頭腦就是幻象，當某個人完全覺醒，當他成佛的時候，他所知道的事實是沒有經過頭腦的，那就是真相，是「究竟」。

之後會說它是一個夢，但是它當時根本沒有觀照，這個頭腦哪裡有資格說話？不過是聽到了謠言罷了。

比方說，你正在睡覺，有兩個人在一旁說話，因為他們講話的聲音很大聲，所以你在朦朧當中聽到他們交談的片段，但你只得到一個含混的印象。這就是所發生的事，當無意識在作夢時，那是一個很大的活動在進行著，意識正在睡覺，它只聽到了謠言，然後到了早上它說：「那都是假的，不過是個夢。」

現在，每當你作夢的時候，你總以為夢是絕對真實的，甚至是荒謬的事情、不合邏輯的事看起來也是真實的，因為無意識不知道什麼是邏輯。你正走在路上，你看見一匹馬朝你走過來，然後那匹馬忽然轉變成你的妻子。可是你的頭腦沒有一點反應，它沒有問：「這怎麼可能？這匹馬怎麼會忽然變成我老婆？」沒有問題，沒有懷疑，因為無意識不懂得懷疑，連這麼荒謬的事情也能相信，表示你被事實所說服。

當你開始意識夢的時候，事情會顛倒過來，你感覺得出那些真的只是夢，一切都不是真的，不過都是頭腦的劇碼、心理劇。你是舞台，你同時也是演員、編劇、導演、製作人、觀眾——一切都是你，都是你的頭腦創造出來的。當你意識到這一點，那麼連你清醒時所在的整個世界都會轉變，因為你會在這裡看出同一件事，只不過這個舞台更大一點，但是夢是一樣的。

印度教徒稱這個世界為「馬雅」(maya)，意思是幻象、如夢般的頭腦創造物。這指的是什麼？是說一切都是不真實的嗎？不是的，不是世界不真實，只是你的頭腦混進了這個世界，創造出你自己不真實的世界。我們並沒有活在同一個世界裡，每個人都活在他自己的世界，有多少頭腦就等於有多少個世界。當印度教徒說這些世界是馬雅的時候，實際上是指事實加上頭腦等於幻象；我們並不知道什麼是事實，事實加上頭腦就是幻象——馬雅。

當某個人完全覺醒，當他成佛的時候，他所知道的事實是沒有經過頭腦的，那就是真相，是「梵」(brahman)，是「究竟」(ultimate)。有了頭腦，一切都變成夢，因為頭腦所裝的就是夢；沒有了頭腦，沒有什麼能成為夢，只

你是一個觀照，夢在那裡，但你不屬於它。你不是頭腦的一部分，你凌駕頭腦之上。

有事實清澈、純粹地存在著。

頭腦就像一面鏡子。這世界反映在鏡子裡，那個反映只是一個反映，它不可能為真。當鏡子不在的時候，反映也跟著沒有了，現在你才能看到真實的世界。在一個月圓的夜晚，寧靜的湖面上映現出一輪明月，你試圖去抓取月亮。這是每個人在許多世當中一直在做的事——想要去撈湖中的月亮，你當然永遠撈不到，這是不可能的。你必須忘掉湖，並且朝反方向的地方看，月亮就在那裡。頭腦就是一面湖，在這面湖中，世界變成幻象。不管你是眼睛閉著作夢，還是睜開作夢，都沒有差別，只要頭腦在的一天，所有發生的事情都是夢。

如果你去靜心冥想你的夢，這將會是你的第一個體悟。

第二個體悟將會是：你是一個觀照，夢在那裡，但你不屬於它。你不是頭腦的一部分，你凌駕頭腦之上。你在頭腦裡面，但並不是頭腦；你透過頭腦在看，但並不是頭腦；你使用頭腦，但並不是頭腦。忽然間，你明白了你是一個觀照，不再是一個頭腦。

這個觀照是最後、最終極的體悟。接下來，不管你睡覺時作夢，或當你清醒時作夢都沒有差別，你繼續維持觀照。你待在世界裡，但世界無法再進到你裡面。事情在那裡，可是頭腦並沒有想事情，事情也並沒有出現在頭腦中，忽然間觀照出現，一切都改觀了。

一旦你抓到了訣竅，事情就容易了，不然，它看起來很難，幾乎是不可能的，睡覺時如何保持覺察的意識？這件事看似不可能，但其實不然，假如每天晚上你睡覺時，在即將睡著之時試著警覺、觀照，它會花上你三到九個月的時間。

不過要記得，不要「主動地」試著保持警覺，不然，你會睡不著覺。只是被動地覺知，讓自己放輕鬆、放自然，從你的眼角往外看，不要太積極，只要被動地覺察，不要太在意。坐在河邊，讓河水流過你的身邊，而你只是看著，這件事將會需要三到九個月的時間。

有一天，整個世界都變成不真實的，當世界不真實時，唯有觀照是真實的。

然後會有一天，睡眠將會像一簾黑色的布幕般垂蓋在你身上，如同太陽即將落下，而夜晚正在降臨，你被夜色所包圍，但內在一盞火焰繼續燃燒著。你靜靜地、被動地在觀照，接下來夢的世界展開，許多劇碼在上演，許多的心理劇，而你繼續觀照。逐漸地，你可以看出那是哪一類型的夢，可以看出其中差異。然後有一天，你忽然明白這跟清醒時是一樣的，在質地上沒有任何不同，整個世界都變成不真實的，當世界不真實時，唯有觀照是真實的。

後記

生死一線間

你想知道如何更有覺知嗎？
只要更加意識到生活中的不確定，
死亡隨時會發生，
或許下一刻就找上你的門。
在每一個行動當中保持覺察。

後記——

生死一線間

在印度有一則古老的故事：

一位偉大的聖人將他的首席弟子送去賈那克(Janak)國王的座下修習，他要這個年輕人向國王學習一件他身上所欠缺的東西。

年輕人說：「如果你不能教我，那這個叫賈那克的人能教我什麼？你是了不起的聖者，而他只是一個國王，哪裡知道什麼是靜心和覺知呢？」

偉大的聖人說：「你只管照著我的話去做，去到那裡的時候，對他行禮如儀，不要自以為是，認為你是一名修道者，而他只是一國之主；不要心存他是塵世中人的想法而自視清高，把那些都忘掉。我要送你到他那裡學習某件事，所以他算是你現在的師父。我知道，我已經在這裡試過了，但是你需要一個不一樣的環境來幫助你了解這件事，國王的宮廷將會為你提供一個正確的環境，你去就對了。記得要向他頂禮，這一陣子他將代表我的角色。」

年輕人有些不情願地去了，心裡一面想：他堂堂出身最高階級的婆羅門(Brahmin)！這個賈那克是誰？他很富有沒錯，他擁有整個王國，但他能教一個婆羅門什麼？向來都是婆羅門認為他們可以教別人什麼的。賈那克不是出身婆羅門，他來自印度的武士階級，這個階級被視為在婆羅門之下，婆羅門是最高的階級。要向這個人頂禮？這種事從來沒有人做過！要一個婆羅門向一個武士致敬，這十分挑釁這個印度人的思維。

可是師父已經交代下來了，他不得不遵照師父的話。他心不甘情不願地去到那裡，也心不甘情不願地向賈那克行禮。當他行禮的時候，心中真的很氣他師父，因為這件事在他眼中是很醜陋的。這時有一位婀娜多姿的女人在大廳當中跳著舞，大家都在飲酒談笑，賈那客坐在人群的中間，這個年輕人儘管心中再多批判，他還是行了禮。

賈那克笑著說：「你不必帶著你的批判向我行禮，還有，在你認識我以前，請先別對我有偏見。你師父對我的為人十分清楚，所以他才送你來我這裡，不過你這不是學習該有的態度。」

年輕人說：「我不在乎，他已經送我來，我也已經來了。但是明天一早我就會回去，因為我看不出在這裡可以學到什麼。事實上，我要是從你這裡學到任何事情的話，那我這一生就枉費了！我可不是來這裡看美女和飲酒作樂的。」

賈那克依然保持微笑，他說：「你可以明天一早就打道回府。不過，既然你已經來了，你一定累了……至少先在宮裡休息一晚，到早上你要走就可以走。誰曉得？說不定晚上就變成讓你學習的環境，這是你師父送你來我這裡的目的。」

這就玄了，夜晚怎麼能教他任何事情？好吧，反正他必須在這裡過夜，所以也不必太大驚小怪。於是他留了下來，國王安排他住進皇宮裡最豪華的房間，還親自陪他去到房裡，悉心招呼了他的食物、睡覺的事，當年輕人上床時，賈那克也離開了。

可是，年輕人整夜都睡不著，因為當他躺在床上，眼睛往上一看的時候，他看見一把沒有上鞘的劍，僅僅用一條線繫在他頭頂的上方。這種時候他隨時會有危險，因為劍隨時會掉下來要他的命，於是他整晚都清醒著在當心那把劍，要是它真掉下來了，他才能躲得掉這場災難。

到了早上，國王問他：「床睡起來舒不舒服？房間住起來還可以吧？」

年輕人說：「舒服極了，一切都很舒服。不過那把劍的事你要怎麼交代？為什麼要這種詭計？你這個人實在太殘酷了！我一大早從師父森林裡的道場出發，趕了一天的路後，到晚上我已經累垮了，而你卻跟我開這種殘酷的玩笑，用一根細得不能再細的線吊著一把沒有上鞘的劍，這算什麼？我很擔心要是一陣微風吹過來，我的命就沒了，我並不是來這裡尋死的。」

國王說：「我只想知道一件事，既然你那麼累，你應該很容易就睡著了，但是你沒有，為什麼會這樣？因為那是個攸關生死的險境，所以你很覺知、警覺，這就是我的教導。你可以走了，或者，你想要的話，可以再多留幾天觀察我。」

你想知道如何更有覺知嗎？只要更加意識到生活中的不確定；死亡隨時會發生，或許下一刻它就找上你的門。

「雖然我坐處在歌舞昇華的的宮殿之中，但我十分警覺到我頭上那把發亮的劍，你看不到它，它的名字叫死亡。事實上我並沒有在看美女，正如你無法享受富麗堂皇的房間，我並沒有在飲酒作樂，而是覺察著隨時會來臨的死亡。雖然住在皇宮裡，但我是一名不折不扣的隱士，因為我始終對死亡保持警覺。你師父與我不僅相交甚篤，也相知甚深，他知道我所知道的，所以才把你送來這裡。如果你要在這裡待上幾天的話，你可以自己再做觀察。」

你想知道如何更有覺知嗎？只要更加意識到生活中的不確定；死亡隨時會發生，或許下一刻它就找上你的門。假設你以為自己會長生不老，你可以繼續無意識下去，否則，當死亡的腳步靠近，你怎能依然無意識地過活？不可能的！如果生命是一閃即逝的，如果生命就像泡沫一樣，只要一根針一扎，它就永遠消失了……你怎麼能保持無意識？

在每一個行動當中保持覺察。

你的內在有著兩種面向：頭腦的面向，以及無念的面向。或者讓我這麼說：當你活在本質的表層時，這是一個面向；當你活在本質的核心裡時，這是另一個面向。

每一個圓都有一個中心點，或許你知道、或許不知道，或許你從來都沒有懷疑過這件事，無論你有沒有想過，每個圓一定都有中心。你是一個圓，你有一個中心，沒有中心你就不能存在，在你的本質中有一個核心。

當你活在核心中，你已然是一位回到家的佛；當你活在表層時，你置身塵世當中，活在頭腦、夢幻、欲望、焦慮與其他一千零一件事情裡，所以說其實你活在兩個世界中。

一定會在某些片刻裡，你看見自己有一小段時間就像是個佛，你有著與佛一致的優雅、覺知與寧靜，你活在與佛同一個至喜、至幸、至福的世界中。一定會在某些片刻裡，你瞥見到自己的中心，這些片刻不會是恆久的，你將一次又一次地被丟回表層，於是你覺得自己很蠢，很傷心、挫折，覺得人生

一個有覺知與了解的人，可以從表層到核心，再從核心到表層，從來不會固守任一邊。

沒有意義——因為你活在兩個面向裡：表層與核心。

漸漸地，你將能夠在表層與核心之間來去自如，就好像進出自己的家一樣。你不會特意去區分：「我現在在外面，要如何才能進到房子裡？」你也不會說：「我在房子裡面，要怎樣才能出去外面？」例如，當外頭陽光普照，氣候溫暖宜人時，你坐在花園裡；後來天氣愈來愈熱，你開始出汗，這時你不再覺得舒服自在，你會直接起身走進屋內，因為現在換成屋裡比較舒服，你只是這樣進進出出。

同樣的，一個有覺知與了解的人，可以從表層到核心，再從核心到表層，從來不會固守任一邊。從市集到修道院，從外向到內向，他不斷地移動，因為這兩者是他的一雙翅膀——一定是這樣的——假如翅膀都長在同一邊，小鳥就不能恣意地在天空裡展翅翱翔，它們必定是相互平衡的。雖然位於彼此對面，但仍舊屬於同一隻鳥，也服伺同一隻鳥。你的外在與內在正是你的一雙翅膀。

這件事你務必牢牢地記住，因為頭腦有固著在某一邊的傾向……有人固著在商場當中而無法自拔，人們總是說沒有時間修行，又說假如有時間也不知道要如何靜心，而且也不相信自己能夠靜心；他們自稱是紅塵中人，怎麼能夠靜心？他們是物質主義者，怎麼懂得修行？他們說：「很遺憾，我們是外在取向的人，怎麼有辦法往內走？」他們只抉擇一邊的翅膀，當然，如果他們因此而感到挫折也是自然的事，只有一邊的翅膀遲早會遇到挫折。

也有受夠了這個世界的棄世者，他們跑去喜馬拉雅山的修道院裡，開始當一名門徒或出家僧，強迫自己過著一個人的封閉生活。他們閉上眼睛，關上所有的門窗，然後他們又會覺得索然無味。

他們對市集厭倦到極點，覺得既疲憊又挫敗，那裡快要變成一間瘋人院，讓他們沒有喘息的餘地：太多的人際關係，太少的假期，又沒有做自己的空間。他們深陷在事情裡頭，失去了自己，愈來愈講求物質，而日漸忽視心靈。

與他人連結，但也與你自己連結；愛別人，但也愛你自己。這世界是個美麗的探險，同時也是個挑戰。

他們正在失去人生的方向，失去了本來所擁有的意識，於是他們出走。在受夠了那一切之後，他們帶著挫敗的心情逃開，現在他們試著過自己的日子，過著完全封閉的生活，遲早他們會覺得無聊，又會再選擇另一邊的翅膀，可是，這次也只有一邊。這是一面倒的生活方式，他們一再掉進另一個極端的謬誤裡去。

我既不支持這邊也不支持那邊，我要你成為能力非常好的人，好到使你能夠待在市集裡，同時又能夠靜心；我要你能夠與人們互動。去愛人，去進入許許多多的關係當中，那將會豐富你的生命；但你同時又有能力關上你的門，有時從所有的關係中挪出一個空間……好讓你能與自己連結。

與他人連結，但也與你自己連結；愛別人，但也愛你自己。出去外面走動！，它將使你的生命更多采多姿。不要錯失機會，每當這世界來敲你的門呼喚你時，你就無所畏懼地出去。你沒有什麼可以失去，可是每件事卻都可以成為你的收穫。只是，不要迷失了，不要一直陷進去、沉迷其中，要記得回家。

有時你得將世界忘卻，這是靜心的時刻。在每一天裡，如果你要生活過得平衡，就該去平衡內在與外在的世界，這兩者應該占同樣的比重，你才不至於傾斜一邊。

這即是禪宗的師父們說的：「踩在河流當中，但不讓河水沾濕你的腳。」活在世界裡，但不屬於世界；活在世界裡，但世界不在你裡面。當你回到家的時候，你就是到家了，這時你要把世界當作已經不存在。

有一位名叫布袋和尚的禪師路過一個村莊，他是地球上有史以來最美的人類之一，人們都稱他「歡笑佛」(Laughing Buddha)，因為他爽朗的笑聲幾乎從沒間斷。不過，有時候他會坐在樹下——就在村裡的一棵樹下坐著，沒有笑，甚至連微笑都沒有，十分平靜、鎮定。

有個人問他：「布袋和尚，你怎麼不笑了？」

他將眼睛張開，然後說：「我正在醞釀當中。」問的人聽不懂他的意思，又再問：「你說的『醞釀』是什麼意思？」布袋和尚說：「我必須為了笑做準備，所以必須休息一下，往內在世界走，將世界完全拋到腦後，然後我才能恢復朝氣，可以再回來笑。」

如果你真的想笑，你得要學會怎麼哭。要是你哭不出來，要是你不接受眼淚，你將會笑不出來。一個會笑的人也是會哭的人，這樣他才是平衡的。一個非常快樂的人也是寧靜的人；一個狂喜的人也是歸於中心的人，這兩端是密不可分的，兩端的同時存在會產生一種平衡，這就是你要成就的。

奧修靜心中心聯絡地址

1 奧修花園
251台北縣淡水鎮沙崙路156巷8號1樓
電話：(02)2805-7959；連絡人：羅翠英

2 創見堂
100台北市重慶南路一段75號11樓
電話：(02)2375-1471～2；連絡人：李瑪琍

3 奧修資料中心
100台北市臨沂街33巷4號2樓
電話：(02)2395-1891；連絡人：謙達那

4 奧修台北靜心中心
241北縣三重市重新路五段609巷12號9樓之5
電話：(02)2999-4700

5 蘇克拉奧修靜心中心
403台中市美村路一段462號B1
電話：(04)2372-3095；連絡人：瑪格亞

6 奧修資料中心——蓮花特書院
400台中市中山路329號
電話：(04)2224-1089；連絡人：賴維宗

7 台南靜心中心
709台南市郡安路五段31巷2弄2號
電話：(06)250-9021；連絡人：陳珍漢

8 奧修庫爾希德靜心中心
813高雄市左營區至聖路161號
電話：(07)558-2745；連絡人：王靜娟

生命潛能出版圖書目錄

心靈成長系列		作者	譯者	定價
SM0101	創造生命的奇蹟	露易絲・賀	黃春華	200
SM0105	小丑的創造藝術	娜吉亞		160
SM0109	冥想的藝術	葛文	蕭順涵	130
SM0110	自我對話的藝術	布特勒	鄧文華	270
SM0111	如何激發自我潛能	山口　彰	鄭清清	170
SM0113	拒絕受傷	貝瑞	穆怡梅	180
SM0114	擁舞生命潛能	許宜銘		180
SM0115	做自己的心理醫生	費思特	蔡素芬	180
SM0119	你愛自己嗎	保羅	蘇晴	250
SM0121	真心實意過人生	史坦瑞克	李文英	180
SM0122	影響你生命的十二原型	皮爾森	張蘭馨	350
SM0123	快樂做自己	加藤諦三	鄭清清	160
SM0124	工作中的人性反思	柯萬	張金興	200
SM0125	平靜安穩	匿名氏	李文英	180
SM0126	豐富年年	波耶特	侯麗煬	280
SM0127	心想事成	葛文	穆怡梅	250
SM0128	圓融俱足	席芙曼	黃春華	400
SM0130	一切從愛自己開始	マドテアゼル愛	鄭明德	180
SM0131	沒有你我該怎麼辦	米勒	許梅芳	130
SM0133	天生我材必有用	米勒＆梅特森	鄧文華	210
SM0136	一個幸福的婚禮	約翰・李	區詠熙	260
SM0137	快樂生活的新好男人	巴希克	陳蒼多	280
SM0138	人際雙贏	艾丹絲＆蘭茲	生命潛能	200
SM0139	通向平靜之路——根絕上癮行為的新認知法則	約瑟夫・貝利	黃春華	200
SM0140	心靈之旅	珍妮佛・詹姆絲	侯麗煬	200
SM0141	病態互依症候群	梅樂蒂等	邱紫穎	250
SM0142	理性出發	麥克納	陳蒼多	200
SM0143	向惡言惡語挑戰	詹姆絲	許梅芳	220
SM0144	珍愛	碧提	黃春華	190
SM0145	打開心靈的視野	海瑟頓	鄧文華	320

SM0146	解讀內在自我	戴安	黃春華	150
SM0147	揭開自我之謎	戴安	黃春華	150
SM0148	自我親職——如何做自己的好父母	波拉德	鄧文華	200
SM0149	揮別傷痛	布萊克	喬安	150
SM0150	意識革命——人類心靈的終極探索	葛羅夫＆奈特	方明	280
SM0151	我該如何幫助你	高登	高麗娟	200
SM0152	戒癮十二法則	克里夫蘭＆愛莉絲	穆怡梅	180
SM0153	電視心理學	早坂泰次郎＆北林才知		200
SM0154	自我治療在人生的旅程上	羅森	喬安	200
SM0155	快樂是你的選擇	維拉妮卡・雷	陳逸群	250
SM0156	歡暢的每一天	蘇・班德	江孟蓉	180
SM0157	夢境地圖	吉莎安・荷洛薇	陳琇／楊玄璋	200
SM0158	感官復甦工作坊	查爾斯・布魯克		180
SM0159	扭轉心靈危機	克里斯・克藍克	許梅芳	320
SM0160	創痛原是一種福分	貝佛莉・恩格	謝青峰	250
SM0161	與慈悲的宇宙連結	拉姆・達斯＆保羅・高曼	許桂綿	250
SM0162	愛的心靈工程	露易絲・賀	蕭順涵	300
SM0163	曼陀羅的創造天地	蘇珊・芬徹	游琬娟	250
SM0164	彩繪心靈	派特・亞倫	江孟蓉	280
SM0165	重塑心靈	許宜銘		250
SM0166	聆聽心靈樂音	馬修	李芸玫	220
SM0167	敞開心靈暗房	提恩・戴唐	陳世玲／吳夢峰	280
SM0168	無為，很好	史提芬・哈里森	于而彥	150
SM0169	心的嘉年華會	拉瑪大師	陳逸群	280
SM0170	釋放焦慮七大祕訣	A.M.瑪修	蕭順涵	160
SM0171	催眠之聲伴隨你	米爾頓・艾瑞克森＆史德奈・羅森	蕭德蘭	320
SM0172	量身訂做潛能體操	蓋兒・克絲＆席拉・丹娜	黃志光	220
SM0173	你當然可以生氣	蓋莉・羅塞里尼＆馬克・瓦登	謝青峰	200
SM0174	幽默醫生的價值教育	博文・懷特	江孟蓉	250
SM0175	讓心無懼	蘭達・布里登	陳逸群	280

心靈劇場系列		作者	譯者	定價
SM10001	追尋生命之網	李察・勞夫	于而彥	240
SM10002	啓動奇蹟	貝蒂・墨菲特	陳麗芳	特價199

兩性互動系列		作者	譯者	定價
SM0201	讓愛陪你走一段	漢瑞克斯	蔡易玲	290
SM0202	滄桑後的天真	黃春華		150
SM0203	試婚	吳淡如		180
SM0204	尋找心靈的歸依處	約翰・李	黃春華	130
SM0206	男女大不同	約翰・葛瑞	蘇晴	280
SM0207	影子配偶	狄妮絲・藍	鄧文華	350
SM0208	你這話是什麼意思？——終結伴侶間的言語傷害	派翠西亞・依凡絲	穆怡梅	220
SM0209	讓婚姻萬歲——愛之外的尊重與協商	貝蒂・卡特等	李文英	360
SM0210	非常親密元素	大衛＆珍・史杜普	謝青峰	280
SM0211	最佳親密戰友	珍・庫索＆黛安・葛拉罕	劉育林	250
SM0212	男人女人2分天下	克莉絲・愛維特	江孟蓉	200
SM0213	堅持原味的愛	賀夫和蓋兒・沛雷德	陳逸群	350
SM0214	背叛單身不後悔 I	哈維爾・漢瑞克斯＆海倫・杭特	李文英	250
SM0215	背叛單身不後悔 II	哈維爾・漢瑞克斯＆海倫・杭特	李文英	250
SM0216	女性智慧宣言	露易絲・賀	蕭順涵	200
SM0217	情投意合溝通法	強納生・羅賓森	游琬娟	240
SM0218	靈慾情色愛	許宜銘		200
SM0219	親愛的，我們別吵了！	蘇珊・奎蓮恩	江孟蓉	250
SM0220	彩翼單飛	雪倫・魏士德・克魯斯	周晴燕	250

心理諮商經典系列		作者	譯者	定價
SM5001	佛洛伊德	麥可・雅各	于而彥	250
SM5002	羅傑斯	伯萊安・索恩	陳逸群	200
SM5003	波爾斯	克拉克森＆邁肯溫	張嘉莉	350
SM5004	伯恩	伊恩・史都華	邱溫	250
SM5005	艾里斯	約瑟夫・顏古拉＆溫蒂・德萊登	陳逸群	280
SM5006	克萊恩	茱麗亞・希格爾	陳逸群	250
SM5007	凱利	費・佛蘭賽拉	廖世德	300

奧修靈性成長系列		作者	譯者	定價
SM6001	成熟——重新看見自己的純真與完整	奧修	黃瓊瑩	280
SM6002	勇氣——在生命中冒險是一種樂趣	奧修	黃瓊瑩	300
SM6003	創造力——釋放你的內在力量	奧修	李舒潔	280
SM6004	覺察——品嘗自在合一的佛性滋味	奧修	黃瓊瑩	300

親子教養系列		作者	譯者	定價
SM0301	愛、管教與紀律	戈登	傳橋	190
SM0302	52種幫助孩子建立自尊自信的好方法	達蓋茲	蕭順涵	150
SM0303	阻礙孩子成長的母親	金盛浦子	鄭清清	190
SM0304	阻礙孩子成長的父親	金盛浦子	鄭清清	190
SM0305	讓你和孩子更貼心	戈登	傳橋	280
SM0307	養育出衆孩子的方法	愛蜜斯	蕭順涵	160
SM0308	你的孩子長大了	佛斯特	鄧文華	370
SM0309	虎父無犬子	馬克道威爾＆狄克・德	李文英	290
SM0310	孩子為什麼想自殺	克魯科	侯麗煬	170
SM0311	孩子鬧情緒怎麼辦？	德瑞奇＆文尼克	邱紫穎	280
SM0312	森林裡的實驗學校	陳清枝		200
SM0313	會思考的孩子是贏家	勞倫斯・葛林	黃寶敏	260
SM0314	創造孩子的快樂天堂	詹姆斯・加伯利諾	邱紫穎	220
SM0315	童心創意七十二變	露西雅・卡帕席恩	黃治蘋	180
SM0316	作孩子的心靈導師	狄巴克・喬布拉	游琬娟	140
SM0317	滋潤的愛	哈維爾・漢瑞克斯＆海倫・杭特	蕭德蘭	350
SM0318	孩子變壞了嗎？	史丹頓・沙門諾博士	邱溫	250
SM0319	孩子不是你的錯	羅絲瑪麗・史東斯	邱溫	160
SM0320	協助孩子了解死亡課題	喬依・強森	陳逸群	200
SM0321	讓孩子在自信中成長	艾迪絲・鄧肯	周晴燕	250

健康種子系列		作者	譯者	定價
SM9001	身心合一	肯恩・戴特沃德	邱溫	250
SM9002	同類療法I—健康新抉擇	維登・麥凱博	陳逸群	250
SM9003	同類療法II—改善你的體質	維登・麥凱博	陳逸群	300
SM9004	抗癌策略	安・法瑞＆戴夫・法瑞	江孟蓉	220
SM9005	自我健康催眠	史丹利・費雪	季欣	220
SM9006	肢體療法百科	瑪加・奈思特	邱溫	360
SM9007	21世紀醫療革命:自然醫學	黃俊傑醫師		320
SM9008	靈性按摩	莎加培雅	沙微塔	450
SM9009	新年輕主義	大衛・賴伯克	黃伯慧	300
SM9010	腦力營養策略	史蒂芬・藍格＆詹姆士・席爾	陳麗芳	250
SM9011	飲食防癌	羅伯特・哈瑟瑞	邱溫	280
SM9012	雨林藥草居家療方	蘿西塔・阿維戈＆納丁・愛普斯汀	許桂綿	280

生命潛能特約書店名單：

名稱	地址
書鄉林	北市重慶南路1段9號1樓
建弘書局	北市重慶南路1段41號
黎明—重南*	北市重慶南路1段49號
弘雅—重南	北市重慶南路1段61號
建宏書局	北市重慶南路1段63號
東方—重南	北市重慶南路1段121號
風雲圖書	北市重慶南路1段111號
水準（自送）	北市浦城街1號
天龍圖書	北市重慶南路1段107號
敦煌—中山2店	北市中山北路2段81號
紀伊國屋天母	北市忠誠路2段55號3樓
紀伊國屋忠孝	北市忠孝東路4段45號7樓
政大書城	北市指南路2段64號
永漢—南京店	北市南京西路12號8樓
永漢—站前	北市忠孝西路1段66號10樓
藝殿—校本部	北市臨溪路70號
政大—師大店	北市師大路74號
聯亞文化	北市南京東路5段208號1樓
諾貝爾—桃園1	桃園市中正路56號B1
德念圖書	桃園市中山路105號
諾貝爾—中壢1	桃園縣中壢市中正路155號
德念圖書	桃園市中山路105號
諾貝爾—中壢1	桃園縣中壢市中正路155號
永漢—桃園	桃園市大有路189號6樓
古今集成	新竹市中正路16號
丸升圖書城	桃園市中華路33號B1
展書堂—苗栗	苗栗市中正路904號
展書堂—頭份	苗栗縣頭份鎮和平路79號
紀伊國屋中港	臺中市中港路1段299號12樓
五南文化廣場	臺中市中山路2號
三民書局	豐原市中正路30號
紀伊國屋台中	臺中市三民路3段161號A棟8樓（中友百貨）
諾貝爾—中正	臺中市中正路20號
大大—彰化	彰化市中正路2段407號

名稱	地址
墊腳石—嘉義	嘉義市中山路583號
敦煌—臺南	臺南市中山路163之169號
宏總—和平	高雄市和平二路254號
青年書局	高雄市青年一路141號
遠東—鳳山	鳳山市中山路191號
誠品—台大	北市新生南路3段98號B2之2樓（台大對面）
誠品—天母	北市中山北路7段34號B1
誠品—世貿	北市信義路5段2號1樓（震旦大樓）
誠品—敦南	北市敦化南路1段245號2樓（新光大樓）
誠品—西門	北市西門町峨嵋街52號3樓（原今日百貨舊址）
誠品—站前	北市忠孝西路1段50號4樓（大亞百貨）
誠品—忠誠	北市忠誠路2段188號3樓
誠品—光復	北市光復南路286號B1
誠品—南京	北市南京東路3段269巷2之1號2樓
誠品—捷運	北市忠孝西路1段49號B1C室
誠品—板橋	板橋市中山路1段45號7樓
誠品—三重店	三重市龍門北路6號3F
誠品—桃統	桃園市中正路61號8樓（統領百貨）
誠品—新竹	新竹市信義街68號B1
誠品—中壢	中壢市元化路357號9樓
誠品—中友	臺中市三民路3段161號（中友百貨C棟10樓）
誠品—台南	臺南市長榮路1段181號5樓
誠品—漢神	高雄市成功一路266號之1（漢神百貨B2-B3）
誠品—屏東	屏東市中正路72號4樓（太平洋百貨）
誠品—龍心	臺中市中正路80號8F

奧修靈性成長系列04

覺察——品嘗自在合一的佛性滋味

原著書名／Awareness-The Key to Living in Balance
作　　者／奧修Osho
譯　　者／黃瓊瑩Sushma
主　　編／黃寶敏
執行編輯／王美智
發 行 人／許宜銘
行銷經理／陳伯文
出版發行／生命潛能文化事業有限公司
聯絡地址／台北市信義區(110)和平東路三段509巷7弄3號1樓
聯絡電話／(02)2378-3399
傳　　真／(02)2378-0011
郵政劃撥／17073315（戶名：生命潛能文化事業有限公司）
網　　址／http://www.tgblife.com.tw
E-mail／tgblife@ms27.hinet.net

總 經 銷／吳氏圖書有限公司・電話／(02)3234-0036
內文排版／凱立電腦排版・電話／(02)2776-1201
印　　刷／承峰美術印刷・電話／(02)2225-7055

2002年2月初版
定價：300元

ISBN: 957-8292-56-2

行政院新聞局局版台業字第5435號　如有缺頁、破損，請寄回更換

國家圖書館出版品預行編目資料

覺察：品嘗自在合一的佛性滋味／奧修(Osho)著；
黃瓊瑩譯. --初版. --臺北市：生命潛能文化, 2002〔民91〕
面； 公分. --（奧修靈性成長系列；4）
譯自：Awareness : the key to living in balance : insights for a new way of living
ISBN 957-8292-56-2（平裝）

1. 靈修　2. 精神生活

192.1　　91000679